去挑战！少年科学任务

自然探秘

［意］朱利亚·卡兰德拉·博诺拉 著
［意］西莫内·雷 ［意］菲亚梅塔·多吉 绘
杨苏华 译

科学普及出版社
·北京·

图书在版编目（CIP）数据

去挑战！少年科学任务.自然探秘/（意）朱利亚·卡兰德拉·博诺拉著；（意）西莫内·雷，（意）菲亚梅塔·多吉绘；杨苏华译. -- 北京：科学普及出版社，2024.3

ISBN 978-7-110-10693-8

Ⅰ.①去… Ⅱ.①朱… ②西… ③菲… ④杨… Ⅲ.①科学知识-少年读物②自然科学-少年读物 Ⅳ.① Z228.1 ② N49

中国国家版本馆 CIP 数据核字（2024）第 047905 号

著作权合同登记号：01-2023-1611

Missione Natura

"First published in Italy in 2013 by Franco Cosimo Panini Editore S.p.A
Original title: Missione Natura © Franco Cosimo Panini Editore S.p.A
Text by Giulia Calandra Buonaura
Illustrations by Simone Rea, Fiammetta Dogi"
The simplified Chinese translation rights arranged through Rightol Media（本书中文简体版权经由锐拓传媒旗下小锐取得 Email:copyright @ rightol.com）

策划编辑	胡 怡
责任编辑	胡 怡
封面设计	黄 琳
版式设计	黄 琳
责任校对	张晓莉
责任印制	马宇晨

出 版	科学普及出版社
发 行	中国科学技术出版社有限公司销售中心
地 址	北京市海淀区中关村南大街 16 号
邮 编	100081
发行电话	010-62173865
传 真	010-62173081
网 址	http://www.cspbooks.com.cn
开 本	710mm × 1000mm　1/16
字 数	348 千字
印 张	29
版 次	2024 年 3 月第 1 版
印 次	2024 年 3 月第 1 次印刷
印 刷	北京世纪恒宇印刷有限公司
书 号	978-7-110-10693-8 / Z·272
定 价	128.00 元（全 4 册）

（凡购买本社图书，如有缺页、倒页、脱页者，本社销售中心负责调换）

踏上激动人心的新旅程

我们每天都能听到来自自然界的声音，看到它的色彩，嗅到它的芬芳……接下来，请你充分调动自己的感官，尽情探索大自然的奥秘吧！你可以闻一闻潮湿的苔藓，摸一摸粗糙的树皮，尝一尝杏子的酸甜，听一听啾啾鸟鸣、瑟瑟风声，看一看身边的缤纷色彩，然后观察它们在一年中是如何变化的。请记住，你就是自然界中的一员哟！

接受充满挑战的任务

  大自然有着自己的规则，要想成为一名真正的探险家，你必须了解和遵守这些规则。

  除此之外，你还需要合适的装备。由于不同的探索任务所需要的装备各不相同，所以我们将在下面的每项任务开始前分别给出建议。

  你将在大自然的书页里进行"探险"：获取有趣的知识，体验各种室内或户外的小游戏，烹饪美味的食物，手脑并用地完成一些小制作和小实验……

  你准备好了吗？

导航图标

如果某项任务旁边出现了这个标志，表示你需要在成年人的协助下完成这项任务。

这些箭头会提示你任务的类型，告诉你在完成此项任务时需要做些什么。

游戏

观察

实验

实用小·贴士

▶ 提示框分布在书中的各个角落，里面都是一些实用的小建议，可以帮助你走进大自然并体验自然之美。

▶ 在这本书里，你将踏上六段精彩的旅程。在每段旅程中，你都可以搜集到一些知识拓展卡，这些有趣的小知识将帮助你更全面地认识动物和植物。

目录

城市之旅 1
第一站：自己的家 2
城市里的绿洲 8
好臭的空气 14
动物居民 16

乡村之旅 21
四季的色彩 22
乡村的花草 28
漂亮的花 32
草丛里的居民 34
有迹可循 36

河畔之旅 45
河岸的风景 46
观鸟 50
水下的生命 56

夜间露营　　　　　　　　　　　61
　　星空之下　　　　　　　　　　62
　　夜间考察　　　　　　　　　　66
　　夜的"歌声"　　　　　　　　70
　　仰望星空　　　　　　　　　　72

登山之旅　　　　　　　　　　　75
　　如何辨别方向　　　　　　　　76
　　山林里的芬芳　　　　　　　　78
　　小动物们在哪里　　　　　　　82
　　观察天色　　　　　　　　　　88
　　求救信号　　　　　　　　　　90

海滨之旅　　　　　　　　　　　93
　　赶海寻宝　　　　　　　　　　94
　　向垃圾说不　　　　　　　　　96
　　探索水下世界　　　　　　　102
　　气候与温度　　　　　　　　104
　　生态公民　　　　　　　　　106

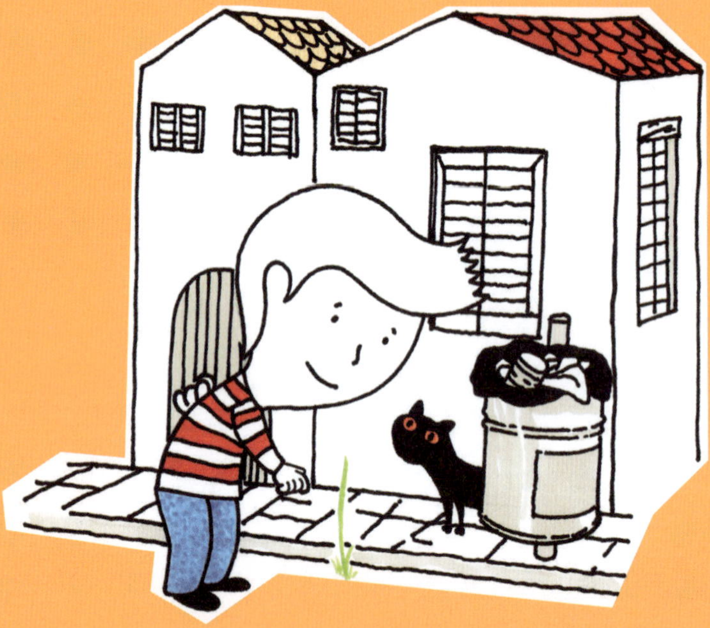

城市之旅

发现都市里的隐秘自然

居住在城市里的人总觉得大自然离自己很遥远，认为大自然与高楼大厦、雾霾及拥挤的街道没有任何关系。事实上，无论我们生活在哪里，都离不开大自然的馈赠。

此外，城市里其实也生活着非常多的动物和植物，只不过我们对它们的存在早已习以为常，所以往往不曾停下脚步来仔细观察……

在本次旅行中，你所需要的装备包括照相机、笔、记事本、舒适的鞋子，以及你所在的城市的地图。

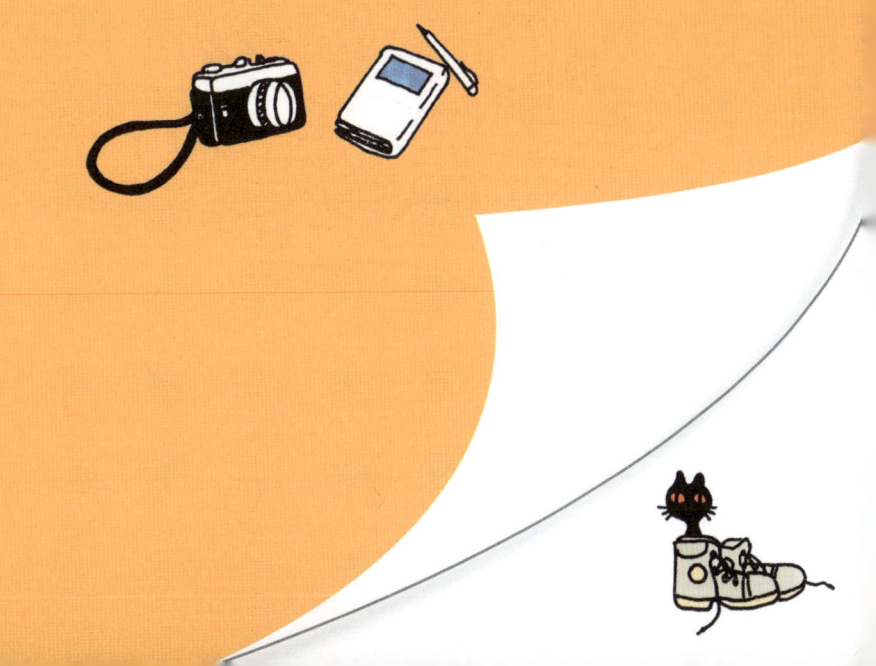

第一站：自己的家

仔细观察一下你自己的家，你会发现每个房间里都有一些来自大自然的东西。以厨房为例，里面有牛奶、酸奶和奶酪等奶制品，有用水果做成的果汁和果酱，还有蔬菜、鸡蛋等，这些全都是大自然给你的礼物。

藏在家里的大自然

有些来自大自然的原料经过加工后模样大变，我们很难辨认出它们的"本来面目"。你知道下面这些东西是用什么做成的吗？

1. 羊毛衫..................
2. 葡萄酒..................
3. 巧克力..................
4. 天然海绵................

5. 木椅....................
6. 书......................
7. 真丝衬衫................
8. 金项链..................

现在请你在家里尽情探索，找出更多的自然元素吧！

参考答案：1.羊身上的毛。2.葡萄。3.可可。4.一种寄生在海里岩石上的美丽的珊瑚。5.树木。6.纸张是用树木制成的。7.蚕宝宝吐出的丝线。8.黄金，一种存在于月亮岩石中的金属。

"神秘"的小动物

你的家实际上并不只是你和家人们的住所，还有很多小动物也是你们的"室友"，只不过自己不知道而已！现在，请你擦亮眼睛，把自己当成一名侦探，找出这些小家伙的藏身之处吧！

观察

实用小贴士

你可以看看家具上方、天花板上或者其他容易结蜘蛛网的地方。

你还可以把低矮书架上的书移动一下位置，有可能会看到一种银灰色的小虫子。它叫作"蠹（dù）鱼"，也叫"衣鱼虫"，喜欢吃书脊里的胶水。

在夜晚的时候，你可以观察一下电灯周围是否有飞蛾。

如果是夏天，你可以不费吹灰之力就能看到苍蝇和蚊子，在窗户附近也许还能看到臭虫或瓢虫。

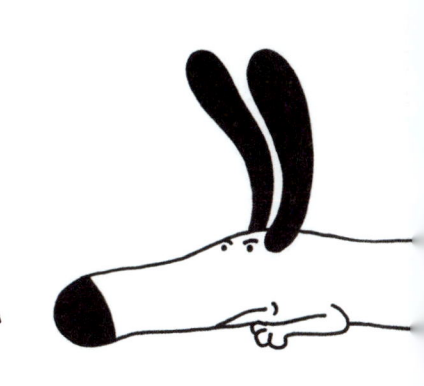

昆虫盛宴

你知道吗？我们每年都会吞下一些昆虫！往往是在我们不知情的情况下吃下这些虫子的，有时候是混在食物中没被发现；或者在我们一边骑自行车一边跟朋友聊天时，虫子就这样飞进了我们嘴巴里；还有的则是在我们睡觉时被吃进去的。因为小虫子被人体的热量吸引，会主动"送上门来"！

花园大搜索

如果你家有花园、庭院，或者家附近有公园的话，你可以去那里寻找大自然的足迹，如鸟巢、羽毛、鸟蛋、壁虎、昆虫、草木、鲜花等。

游戏

约上你的朋友，来一场自然元素搜索大战吧！你该怎么玩这个游戏呢？

1. 首先将大家分成两支队伍。

2. 在两分钟的时间里，两队要尽可能多地搜集到不同种类的"东西"，比如树叶、果实、花朵、羽毛、石头等，并做好记录，注意不能破坏任何动植物！

3. 记住，每个类别只能收集一种元素。

4. 两分钟后，两队进行比较：每种不一样的元素计一分，相同元素不计分。

5. 最终，得分多的队伍获胜。

蚯蚓，你在做什么

其实，在你脚下的土地里也涌动着生命。土壤里生活着无数的蠕虫、蜈蚣、蜗牛，还有蚂蚁。这些小家伙非常勤快，在地下挖掘出一条条隧道和一个个巢穴。

滑溜溜的蚯蚓每天在泥里都做些什么呢？我们通过下面这个实验来了解一下吧！

1. 取一个透明的玻璃盆，依次放入沙子、土壤、砾石，然后按照这样的顺序再铺几层。

2. 在盆的表面盖上树叶、草和水果皮，因为这些都是蚯蚓最喜欢的食物；再浇入足量的水。

3. 现在需要你在大人的陪同下去捉几条蚯蚓。蚯蚓在土里很容易被挖到，如果是下雨天就更容易了，因为它们会爬到地面上来呼吸。

4. 将捉到的蚯蚓放进盆里，然后用一块深色的布将玻璃盆盖起来，让蚯蚓不受干扰地自由活动。

5. 几个小时过后，将布揭开，仔细观察。我们常说蚯蚓的活动能让土壤变得更利于植物生长，现在你知道是为什么了吗？

观察结束后，你记得将蚯蚓放回到花园或公园里，不要伤害它！

城市里的绿洲

漫步在城市的大街上，你有没有注意到耸立在道路两旁的树木？这些"绿色卫士"作用很大，它们不仅能制造氧气，净化我们所呼吸的空气，还能装点城市，在天气炎热的时候为人们提供清凉的绿荫。此外，大树还是一些小动物赖以生存的家园。如果没有大树的庇护，这些动物很可能早已从城市里销声匿迹，睡鼠就是一个很好的例子。

虽然我们每天都被房屋、马路和钢筋混凝土建筑包围着，但城市中的公园却可以让我们沉浸在大自然中，欣赏麻雀、布谷鸟和喜鹊等鸟儿的叫声。

寻觅声音

邀请你的朋友们一起来玩这个游戏吧!

首先,找一个喜欢的公园,然后分散到公园里的不同地方。接下来,闭上眼睛,集中注意力去倾听周围的声音,再在纸上记录下你所听到的声音和声音的来源,比如鸭子的叫声、儿童的嬉戏声、狗叫声、汽车驶过的声音……

你们需要分辨出哪些是来自大自然的声音,哪些是来自城市的声音,以及哪里最嘈杂。

声音:

大树，你还好吗

　　城市里的树能健康生长是不易的，它们的生活环境相当恶劣：它们呼吸着被污染的空气；树根在贫瘠的土壤里艰难地寻找着空间；更不要说还有人为的破坏，一些人残忍地在树皮上划出一道道口子。你所在城市里的树木还好吗？通过下面的调查活动来了解一下吧！

　　观察：

1. 树的根是扎在水泥地下还是路面格栅的夹缝里？

2. 水能否到达树的根部？

　　有的城市的河谷会种上很多乔木和灌木，比如橡树、椴树和白蜡树，这为人们提供了良好的滨水活动空间。

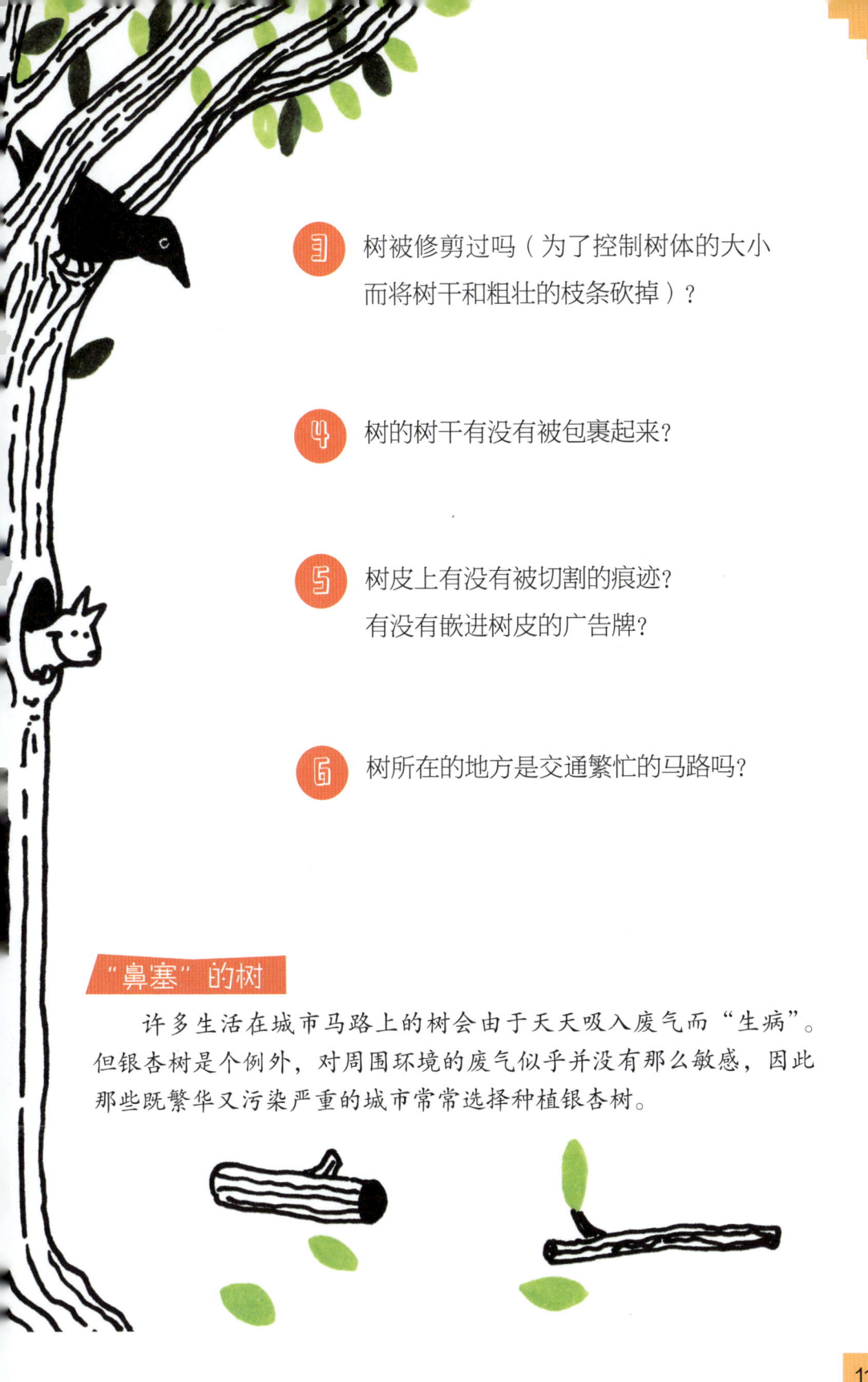

3. 树被修剪过吗（为了控制树体的大小而将树干和粗壮的枝条砍掉）？

4. 树的树干有没有被包裹起来？

5. 树皮上有没有被切割的痕迹？有没有嵌进树皮的广告牌？

6. 树所在的地方是交通繁忙的马路吗？

"鼻塞"的树

　　许多生活在城市马路上的树会由于天天吸入废气而"生病"。但银杏树是个例外，对周围环境的废气似乎并没有那么敏感，因此那些既繁华又污染严重的城市常常选择种植银杏树。

常见树种

椴树：
乔木，叶卵圆形。

黑杨：
乔木，瘦高的"身材"是它最大的特征。

银杏树：
乔木，被称为植物界的"活化石"，因为这种树在2亿多年前就已经存在了。

城市公园里的树木

我们的城市公园里既有来自本土的树种，也有来自世界上其他地区的树种。它们形态各异，有着各自独特的"发型"和"体型"！

刺槐：

落叶乔木，槐花盛开的时候，到处都弥漫着沁人心脾的芬芳。

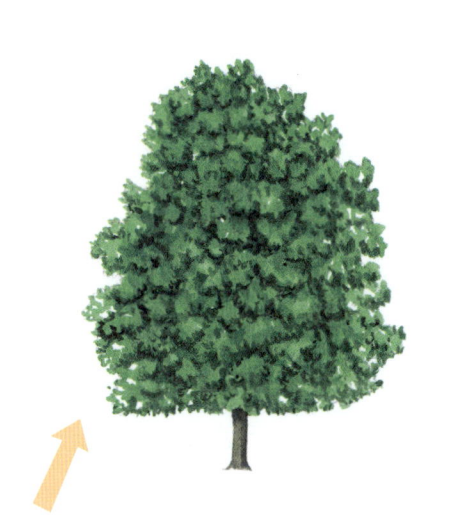

欧洲七叶树：

落叶乔木，它结出的果实与栗子相似。

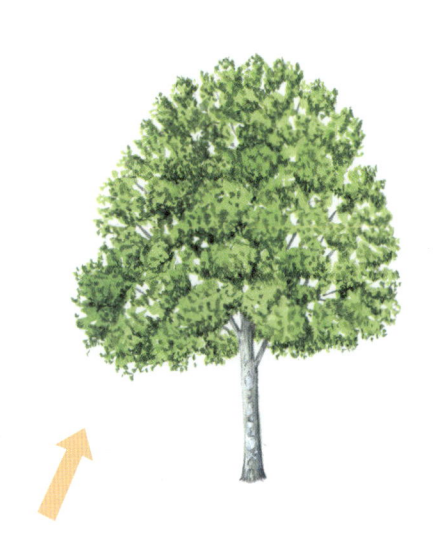

一球悬铃木：

落叶大乔木，种植最为广泛的观赏树之一，经常出现在城市的道路两旁。

好臭的空气

下一次走在街上的时候，你可以试着把注意力放在鼻子上，关注一下你所闻到的气味。怎么样？有臭味吗？一般来说，城市里的空气都不太干净。当你呼吸的时候，免不了会把一些灰尘和废气吸进肺里，这些对身体健康都是有害的。因此，人们会借助特殊的设备对城市里的空气进行持续的检测，并进行分析，确保空气污染不会超过限度。

你那里的空气干净吗

空气质量小测试：

1. 取几根橡皮筋，把它们挂在金属衣架上，然后将衣架挂在窗外避光的地方。

2. 另取几根橡皮筋，放入一个容器中，然后用盖子扣紧，防止空气进入。

3. 一周后，将两组橡皮筋放在一起进行比较。你会发现挂在衣架上的那些橡皮筋像是被腐蚀过一样，很容易断裂，而密封在容器里的橡皮筋则完好无损。

为什么会产生这样的结果呢？这是因为挂在衣架上的橡皮筋接触到了弥漫在空气中的某些物质。这些物质的危害很大，很多古老的石制文物由于长期暴露在空气中，便遭到了腐蚀。

空气里有灰尘吗

你每天呼吸的空气干净吗？空气里面有没有灰尘呢？用下面的方法来测一测吧！

1. 找一个塑料盘，盘子里涂一层胶水。
2. 将盘子放在一个就算下雨也不会淋到的窗台上。
3. 一个星期后，用放大镜观察胶水表面。

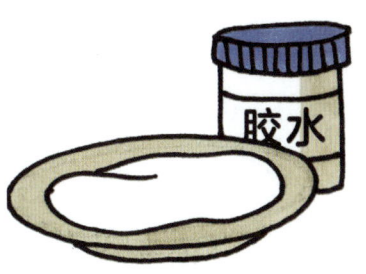

实验

你会看到上面有很多颜色不同、大小各异的颗粒。这些就是从烟囱或汽车排气筒里排放出来的煤烟颗粒和粉尘等。它们非常非常轻，悬浮在空气中。

地衣：生态环境的"哨兵"

你有没有在石头和一些树木上发现过绿色、灰色或橙色的斑块？这其实就是地衣。它们对环境质量十分敏感，是相当难得的"空气质量监测器"。如果空气不太干净，地衣就会只出现在石头和墙壁上；如果空气很好，它们还会"爬"上树干；如果空气污染严重，它们也会不见踪影。

动物居民

下次在城市里走街串巷的时候,你不妨留意一下那些住在城市里的动物。近年来,越来越多的小动物开始选择在城市里安家了。城市能给它们提供充足的食物和适宜的住所,小家伙们完全可以获得与自然环境中相似的生活条件。

观察

可爱的动物在哪里

下面的图画中藏着很多动物，其中还有两只常见的宠物。你快把它们都找出来吧！

参考答案：小老鼠、鱼、猫、白鸽、蜘蛛、鸟、松鼠。

城市里的生物多样性

所谓的城市生物多样性，指的就是生活在某座城市里的动物和植物的多样性程度。你所在的社区里生活着哪些动植物呢？请你去观察一下，然后为它们创建一张身份证吧！

社区里的动物

照片

身份证：
动物名称：……………………………………
收集到的元素：……………………………………
……………………………………
取样地点：……………………………………
取样日期和时间：……………………………………

社区里的动物

身份证：
动物名称：蜥蜴
收集到的元素：粪便
取样地点：矮墙
取样日期和时间：6月7日中午12点

社区里的植物

照片

身份证：
植物名称：……………………………
收集到的元素：…………………………
………………………………………………
取样地点：…………………………………
取样日期和时间：…………………………

社区里的植物

照片

身份证：
植物名称：……………………………
收集到的元素：…………………………
………………………………………………
取样地点：…………………………………
取样日期和时间：…………………………

实用小贴士

▶ **注意观察树上**、矮墙上、屋顶上及灯柱上的生物，但是千万不要用手去碰！

▶ 要多留意不起眼的昆虫、小鸟等。

▶ **为了建立档案**，记录你的调查过程，你可以拍摄照片，收集羽毛、树叶、花、果实、树皮……但是仅限于去捡那些已经自然掉落在地上的素材，并做好保护措施，如戴上手套等，必要时你需要在家长的陪同下进行上述活动。

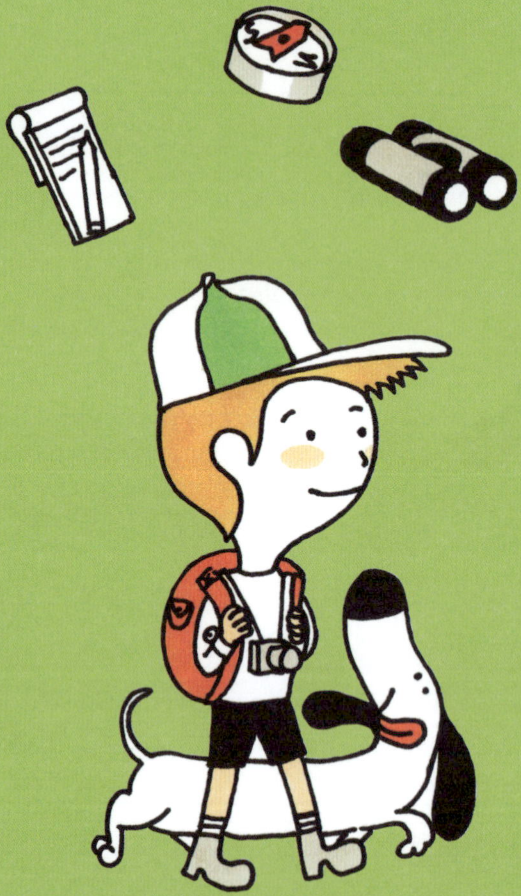

乡村之旅

走出家门，探索自然

比起城市，乡村的环境要复杂得多。它是由多种自然景色组合而成，如绿油油的草地、一望无际的农田、开满鲜花的田野、充满生机的树篱和清澈的溪流……

在本次旅行中，你将会用到的装备包括照相机、笔、记事本、舒适的鞋子、望远镜、指南针、橡胶雨靴等。

四季的色彩

大自然在每个季节都会展现出独特的面貌。正是四季的更迭和昼夜的交替，在调节着我们生活的节奏。不过，为什么会有四季的变化呢？

地球就像是一个自转的陀螺，自转带来了白天和黑夜的交替。与此同时，地球还在围绕着太阳转动，需要365天左右才能绕太阳转动一周。在这个过程中，四季就诞生了。地球上大面积朝向太阳的一侧就是夏天，另一侧则是冬天。

四季留影

你想留住四季的美好吗？那就请你在 3 月 21 日、6 月 21 日、9 月 21 日和 12 月 21 日分别为楼下（或附近）的公园拍一张照片。

将照片贴在下面的方框里，并仔细对照观察：四张照片中光线、颜色、树叶、花及行人的服装都发生了怎样的变化？

观察

春天 请你把在 3 月 21 日拍摄的照片贴在这里	夏天 请你把在 6 月 21 日拍摄的照片贴在这里
秋天 请你把在 9 月 21 日拍摄的照片贴在这里	冬天 请你把在 12 月 21 日拍摄的照片贴在这里

水果和蔬菜

　　由于季节的不同，你在乡村中看到的水果和蔬菜也会不同。贴心的大自然总是在最恰当的时刻给予我们最需要的东西。水果和蔬菜富含水分和维生素，可以帮助人体对抗普通感冒和流感。下面我们就一起来认识一下某地应季的果蔬吧！要注意的是，地域不同，应季果蔬也会不同哦！

春季的应季果蔬：
香椿、春笋、草莓等

夏季的应季果蔬：
苋菜、西瓜、樱桃等

秋季的应季果蔬：

芋头、苹果、石榴等

冬季的应季果蔬：

冬枣、冬笋等

保护环境，人人有责

　　喷香的烤鸡、美味的下午茶、种类丰富的小零食……你有没有想过这些食物都是怎么来的呢？事实上，我们所吃的每种食品都经由"食品产业链"输送而来，但是食品的加工过程却会给环境带来非常大的影响，处理不当甚至有可能会污染环境。因此，我们呼吁大家留意每天所吃的东西，这既是为了我们自己的健康，也是为了地球的健康！

神奇的画

你知道吗,从水果和蔬菜中提取出的"神奇颜料"也可以用来画画!你可以拿一颗紫甘蓝试试看!你所需要的材料有紫甘蓝、画笔、柠檬汁、肥皂水和纯净水等。

紫甘蓝　　柠檬　　纯净水　　肥皂　　画笔

1. 在大人的陪伴下,将紫甘蓝切成小块,然后用榨汁机榨成汁。

2. 用小漏勺将紫甘蓝汁过滤到一个杯子里,得到一杯漂亮的淡紫色的"颜料"。

食物的颜色与特性

你知道吗,不同颜色的食物实际上都有一些特殊的功效!绿色的食物,比如沙拉菜和芦笋,对眼睛、牙齿和骨头尤其有益;蓝色或紫色的食物,比如紫莒和茄子,可以增强记忆力和专注力;南瓜、胡萝卜和杏子等橙色的食物,对眼睛和皮肤有好处;樱桃和番茄等红色的食物则对提高记忆力有好处。

3. 用一支画笔蘸取刚做好的"颜料",均匀地涂在一张纸上,然后静置晾干。

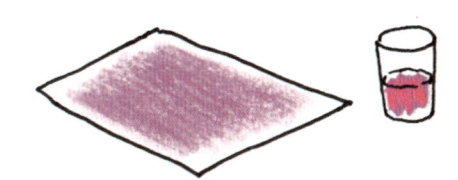

4. 现在再换一支干净的画笔,蘸取柠檬汁并涂在刚才的纸上,这时,你会发现淡紫色变成了粉红色。

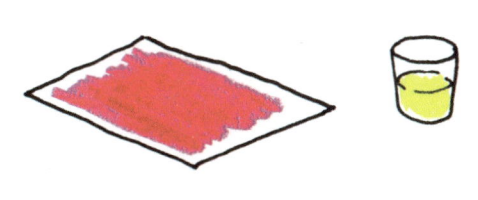

5. 最后,再取一支干净的画笔,蘸取肥皂水涂在纸上,展现在你面前的将是漂亮的蓝色。

苹果的妙用

苹果会释放出一种名叫"乙烯"的气体,这种气体具有加速果实成熟的作用。如果你买到了没有熟透的水果,可以试试把它们和苹果放在一起,你会发现,青涩的水果很快就会变熟的!

乡村的花草

漫步在乡间，你一定会看到各种花花草草。如果你能说出它们的名字，下次就可以在朋友们面前分享一番了。

记忆要点

荨麻：这种植物千万不能用手直接触碰，因为它的叶子中含有一种特殊的物质，碰到后会让人刺痛难忍。

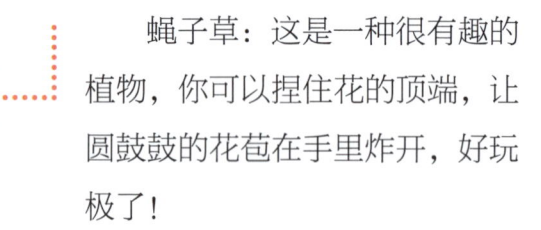

蝇子草：这是一种很有趣的植物，你可以捏住花的顶端，让圆鼓鼓的花苞在手里炸开，好玩极了！

肥皂草：你可以摘几枚叶片，用沾水的双手碾碎，天然的肥皂得来全不费工夫！

蒲公英：你可以许一个愿望，然后朝着蒲公英用力吹一下。据说如果所有的种子都能吹散，那么你的愿望没准儿可以成真。

蒲公英

蒲公英是一种既好看又好吃的植物。

你知道吗,蒲公英不仅可以食用,而且这种植物富含维生素 A 和维生素 C,对身体很好呢!

现在你就来看看怎么享用这种美味吧。

1. 将蒲公英的叶子、熟虾仁、胡萝卜、紫甘蓝切碎,拌在一起;放入橄榄油和沙拉酱调味,做成沙拉。

2. 切一片面包,涂上薄薄的一层蜂蜜,再放上一些用蒲公英做成的沙拉。你快尝尝有多美味吧!

注意

你在田野里采摘的蒲公英,一定要带回家好好清洗。

自然疗法

在野外，你还可以找到一些妈妈在厨房里经常用到的芳香植物，它们也有各自的神奇功效。

洋甘菊能让人平静。

迷迭香茶能调理肌肤状态。

香芹富含维生素，可以缓解疲劳或头痛。

野生的茴香茶加点蜂蜜可以缓解咽喉肿痛。

在窗台放一盆罗勒，可以驱赶苍蝇和蚊子。

闻香识草

你能通过气味来辨认植物吗？快来挑战一下吧！完成这项挑战所需要的材料有：6只小罐子（空的酸奶盒也可以，但是一定要洗干净）、6种芳香植物（如薄荷、月桂、鼠尾草、罗勒、百里香等）、几张餐巾纸、橡皮筋及不干胶标签。

1. 从芳香植物上分别摘下一些枝叶，注意不要混在一起。

2. 在每个罐子里放入一种植物的枝叶。

3. 将每个罐子都用餐巾纸盖起来，然后用橡皮筋固定好。

4. 在每个罐子底部贴上标签，写上对应的植物的名字。

现在你可以邀请朋友们来参与这项挑战，看谁能辨认出最多的植物！这个游戏在冬天也可以玩，你只需要把芳香植物换成调味料就可以了。

漂亮的花

野外的草地上总是点缀着千姿百态、五颜六色的花朵。春天，迎春花率先睁开沉睡了一个冬天的睡眼；初夏，热情的矢车菊、雏菊、锦葵和洋甘菊铺满了整个田野。

自制玫瑰润肤水

你想拥有一款自制的玫瑰润肤水吗？想要的话就跟着我来动手吧！注意，一定要大人在身边陪你一起制作哦！你需要准备的材料有：玫瑰花瓣、矿泉水和化妆棉。

1. 将 250 毫升矿泉水倒入锅里煮沸。

2. 将一小把玫瑰花瓣放入锅中，浸泡 20 分钟左右。

3. 仔细过滤，得到纯净的玫瑰水；稍微放凉一会儿后，用化妆棉蘸取适量，轻轻地涂抹在脸上和脖子上。

勤劳的蜜蜂和蝴蝶

野外的草地里常常蜂飞蝶舞，这些勤劳的小家伙在花丛里不知疲倦地穿梭着。它们实际上是在完成一项非常重要的任务：帮助植物传粉，使植物结出丰硕的果实！

草丛里的居民

草地里生活着多种多样的昆虫，它们大多身怀绝技：有些昆虫是伪装高手，比如蝴蝶和螳螂可以跟落脚的树枝或叶子完全融为一体；还有一些昆虫则有着高度发达的感官，比如苍蝇、黄蜂、蟋蟀和蚂蚱一旦感知到危险，便会迅速地改变方向。

制作小屋

你知道毛毛虫是怎么变成蝴蝶的吗？请你动手制作一个荨麻小屋，来观察这个有趣的过程吧！所需要的材料包括手套、塑料袋、透明的罐子和网子。

实验

1. 戴上手套，从荨麻叶子上找几只毛毛虫。

2. 将毛毛虫从叶子上取下，放入塑料袋中。

3. 挖几棵带根的荨麻苗，种在带土的透明罐子中。

4. 将毛毛虫放在荨麻叶子上，并用水喷洒叶子；用小网子把罐口盖起来，每隔一段时间就喷一些水。

5. 几周后，毛毛虫就会变成漂亮的蝴蝶了。

　　观察结束后，你一定要记得把它们放归大自然！

有迹可循

除了昆虫，乡村里还生活着非常多的哺乳动物和鸟类。有些动物喜欢与人类保持距离，所以选择昼伏夜出，平时我们很难有机会看到它们。不过，动物只要出来活动就肯定会留下踪迹，学会识别这些踪迹是一名探险家必备的技能。

找线索

观察下面的风景图,找出动物活动所留下的线索。

参考答案:小鸟的脚印、啃过的松果的壳、昆虫的脚印、小蜥蜴的脚印、小动物的粪便、有危害的小草、蜘蛛网。

谁留下的踪迹

现在，我们来组织一次野外考察的活动，一起去寻找动物留下的踪迹吧！

1. 带上照相机和几个小盒子（比如火柴盒）。

2. 只要发现有动物留下的踪迹，就把它收集在盒子里或者用照相机拍摄下来。

3. 温馨提示：拍照的时候，你可以在所发现的踪迹旁放一把尺子或者一个常用的小物件（比如一个硬币），这样可以对踪迹的尺寸有一个直观的了解。

实用小贴士

▶ *留意*地上的脚印、粪便、被啃食剩下的食物（树叶、水果）、皮毛、羽毛、蛋、鸟巢、洞穴……这些都是动物活动的踪迹。

▶ *泥地*上更容易留下脚印。

▶ *清早*最容易发现动物刚留下的踪迹。

▶ *霜冻、刮风或下雨*都可能引起踪迹的变化。

午餐供应

每种动物都有最喜欢吃的食物。请你猜一猜下面这些动物最喜欢的食物是什么。

1. 田鼠
2. 野兔
3. 狐狸
4. 刺猬
5. 獾

参考答案：1.棒子和树根；2.叶子和草根；3.啃食小动物或昆虫；4.昆虫、蚯蚓等；5.蜗牛和小鼠。

哺乳动物

刺猬

田鼠

这是被田鼠啃过的榛子。

鼹鼠

鼹鼠在地上挖出的洞穴十分有特色。

野外的哺乳动物

这些野生动物很难直接观察，但是它们的活动会留下非常多的踪迹。小探险家，让我们去发现并学会识别这些线索吧！

野兔

兔子的粪便是这样的。

最典型的黄鼠狼粪便是这样的。

黄鼠狼

鸟类

红隼 　　　红隼的羽毛

戴胜 　　　戴胜的羽毛

燕子 　　　燕子的羽毛

野外的鸟类

跟哺乳动物一样，鸟儿们也会留下它们的踪迹，我们需要学着辨认这些踪迹。

黑顶林莺　　　　黑顶林莺产的蛋

鹪鹩（jiāo liáo） 　　鹪鹩产的蛋

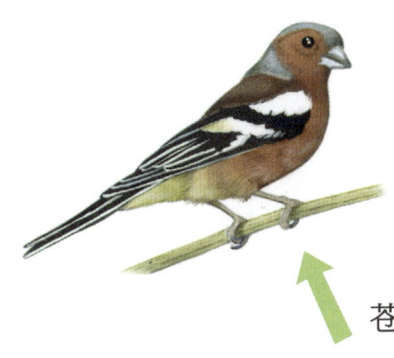

苍头燕雀 　　　　苍头燕雀产的蛋

请留意从鸟儿身上掉落的羽毛或从鸟巢里掉出的蛋。在上面的图片中，你可以看到一些例子。

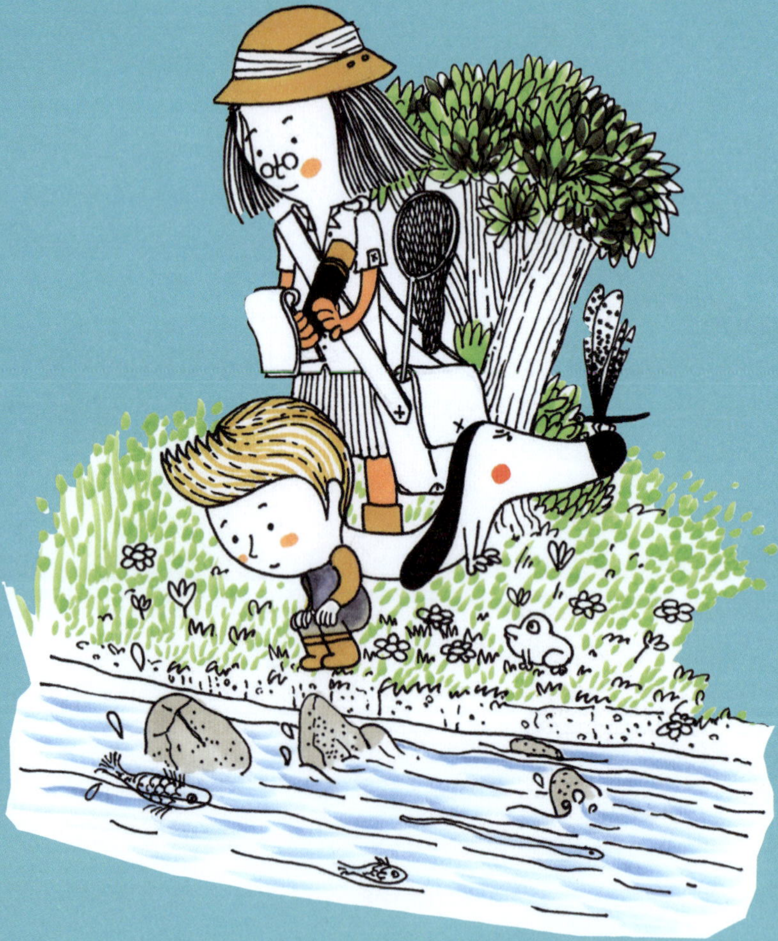

河畔之旅

探秘向水而生的生命

  河流自古以来就是人类和动植物生命的摇篮，汩汩（gǔ gǔ）流淌，慷慨地提供了人们赖以生存的水源和食物。从发源地到入海口，河流的特征千变万化。因此，在河畔之旅中，你会看到多种不同的景观，在不同的地方都会有不同的发现。

  在本次旅行中，你将要用到的装备包括照相机、笔、记事本、舒适的鞋子、橡胶雨靴、筛子、望远镜、放大镜和鸟类鉴别指南等。

河岸的风景

骑着自行车边走边看，或许是欣赏河岸美景的一种不错的方式。当你沿着河岸缓缓骑行时，下图的美景就会出现在你面前。

池塘

在靠近河流的地方，无法渗入地下的水有时候会在地表越积越多，久而久之就形成了池塘。跟河流一样，池塘也吸引着多种动植物来这里安家。

香蒲　　　　　菖蒲　　　　　睡莲

乔木和灌木

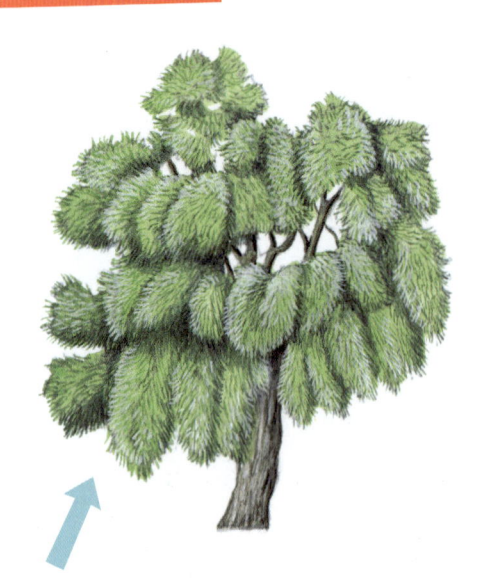

白柳：
喜欢把自己的根浸入水中。

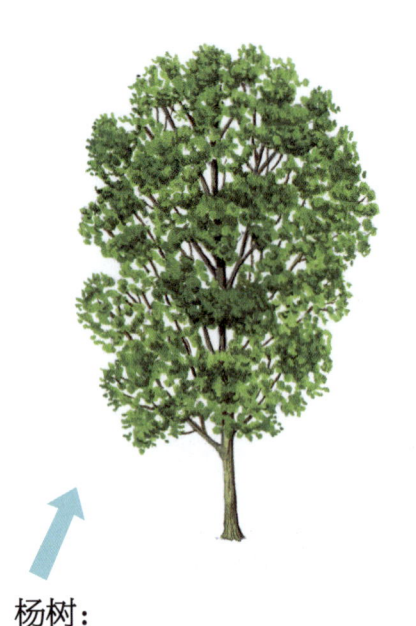

杨树：
叶柄很长，只要有微风拂过，叶片就会沙沙作响。

欧榛：
果实（榛子）非常有特色，你一定不陌生！

水边的草木

河边和池塘里生长着很多植物。你在旅途中看到了哪些植物呢？

欧洲桤（qī）木：
长着带锯齿的圆形叶片，喜欢生长在水边，花和果实都十分有特色。

接骨木：
花可以制成一种非常解渴的饮料。

草本植物

黄菖蒲：
可以用来制作香水。

睡莲：
生活在池塘里。

香蒲：
花穗柔软，如丝绒一般。

观鸟

河边的自然环境非常适合观鸟，所谓的"观鸟"，指的就是借助望远镜来观察鸟儿的一种娱乐活动。如果你前去探索的河流正好位于公园或保护区内，那么这附近的高处通常会建有一些小木屋，那是专门为观鸟爱好者准备的。那里视野非常开阔，你可以很好地观察到鸟儿的习性，而且不会打扰它们。

绿头鸭

翠鸟

黑水鸡

大苇莺

苍鹭

白骨顶

芦苇丛里的"家"

大苇莺、芦苇莺还有其他一些鸟类都喜欢藏在芦苇丛里筑巢和捕食昆虫。有时候鸭子为了躲避白头鹞的追捕,也会在芦苇丛里筑巢藏身。

鸟类脚印收藏家

潮湿的河岸上常常有很多鸟儿留下的脚印。下面我们就来学习一下如何收集和保存这些脚印吧。

1. 首先，在大人的陪同下，用小刀把印有脚印的土块切割下来。

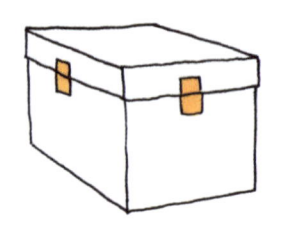

2. 将切下来的土块拿回家，放在容器里静置晾干。

3. 等土块干透后，在其表面涂一层起保护作用的透明清漆，这样它就不会轻易断裂。

在鹅卵石上作画

你在河岸边可以看到很多圆滚滚的石头,它们都是常年被河水冲刷而形成的。这些石头可是用来画画的好工具!

你可以借助石头本身的形状去创作,快看看下面这几个脑洞大开的作品,是不是很有趣呢?

推荐使用不会掉色的记号笔来作画。

河流和池塘周围的动物

水蛇：
爱吃鱼和青蛙。

巢鼠：
由于体型极其微小，可以在芦苇丛里轻巧地穿行。

翠鸟：
会潜伏在河边的树枝上，只要发现水里有目标，就立即俯冲入水，捕捉猎物。

海狸鼠：
起源于南美洲，体型比较大的可长达60厘米，重达12千克。

雨蛙：

和青蛙很像，爪子上长有小吸盘，可以在灌木丛和墙壁上灵活地攀爬。

蜻蜓：

通过快速地扇动翅膀来飞行，有一对突出的复眼，因此可以看到各个方向的景象。

黑水鸡：

以水生昆虫、小鱼和水生植物的嫩芽为食。

欧洲水蛙：

身长可达 12 厘米，一般呈鲜绿色，有黑色斑点。

水下的生命

很多动物喜欢躲在水下生活，想要观察它们可不是一件容易的事情，必须得掌握点技巧才行。

实用小·贴士

▶ **水能反射**出你的影子，水里的动物看到就会被吓走，所以你最好躲在树荫下观察。

▶ 小动物喜欢藏在柳树等树木的根部。你可以拿一个筛子或小网在这些地方仔细搜索，幸运的话可以看到蝌蚪、虾、栉（zhì）水虱等。

▶ **水中也有很多鱼在游动**，比如鲤鱼、鲢鱼、草鱼……

水下探秘

为了更好地观察到水下的生物，你可以自己动手制作一款简易的"水下探测仪"。

你所需要的材料有旧塑料桶、透明的硬塑料板、强力胶和硅酮密封胶。

1. 将塑料桶的底剪下。

2. 用强力胶把透明塑料板粘到塑料桶底部，静置等胶变干。

3. 在桶和板接口处涂上一层硅酮密封胶，保证探测仪在水下不会漏水。

硅酮密封胶

透明塑料板

4. 在小溪边选择一个安全的地方，将探测仪缓缓沉入水中，注意一定要有大人陪在身边。

5. 尽情享受观测水下世界的乐趣吧！

河水干净吗

河水里的某些小生物可以告诉我们水的质量如何，下面我们就来认识一下这些神奇的小家伙。你所需要的东西包括靴子、手套、小网、白色塑料盆和清水。

1. 在确保安全和大人的陪同下，手持小网，使网贴着水底，逆着小溪的流向刮上几米。

2. 在这个过程中，有一些小生物会被困在网里。

3. 将这些小东西放到一个装有清水的白色盆子里。

4. 仔细观察，试着叫出你所捕获的生物的名字。

5. 观察完毕后，记得把它们带回原来的地方放生。

实用小·贴士

▶ 石蝇幼虫、石蛾幼虫和蜉蝣幼虫：它们喜欢生活在干净且氧气充足的淡水中。

▶ 栉水虱和摇蚊幼虫：这两种生物喜欢生活在肮脏、泥泞、缺氧的水中。

石蛾幼虫　　　　　　　摇蚊幼虫

蜉蝣幼虫　　　　　　　蚂蟥

实验

59

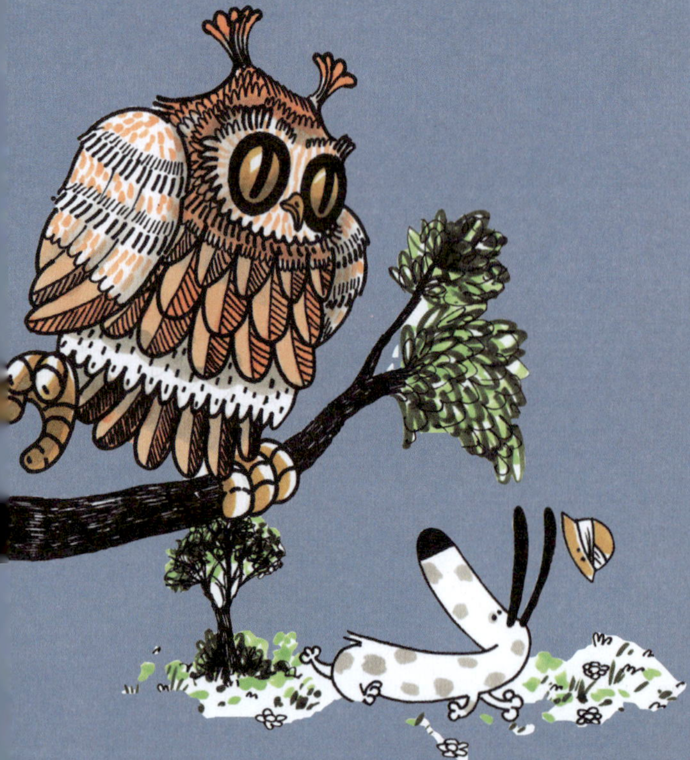

夜间露营

夜色为大自然披上神秘的面纱

　　夜晚的大自然看起来完全变了一副模样：白天参观过的地方，到了夜晚会变得陌生而神秘起来，独特的地标也会变得跟平时不一样。如果足够幸运的话，你还可以看到只有夜晚才出来活动的小动物。

　　选一个晴朗无云的夜晚，最好是皓月当空的时候，在大人的陪同下一起出门吧！即便如此，走路的时候也要当心脚下！

　　在本次旅行中，你需要的装备包括手电筒、火柴、毯子、厚衣服、睡袋和露营所需要的装备。

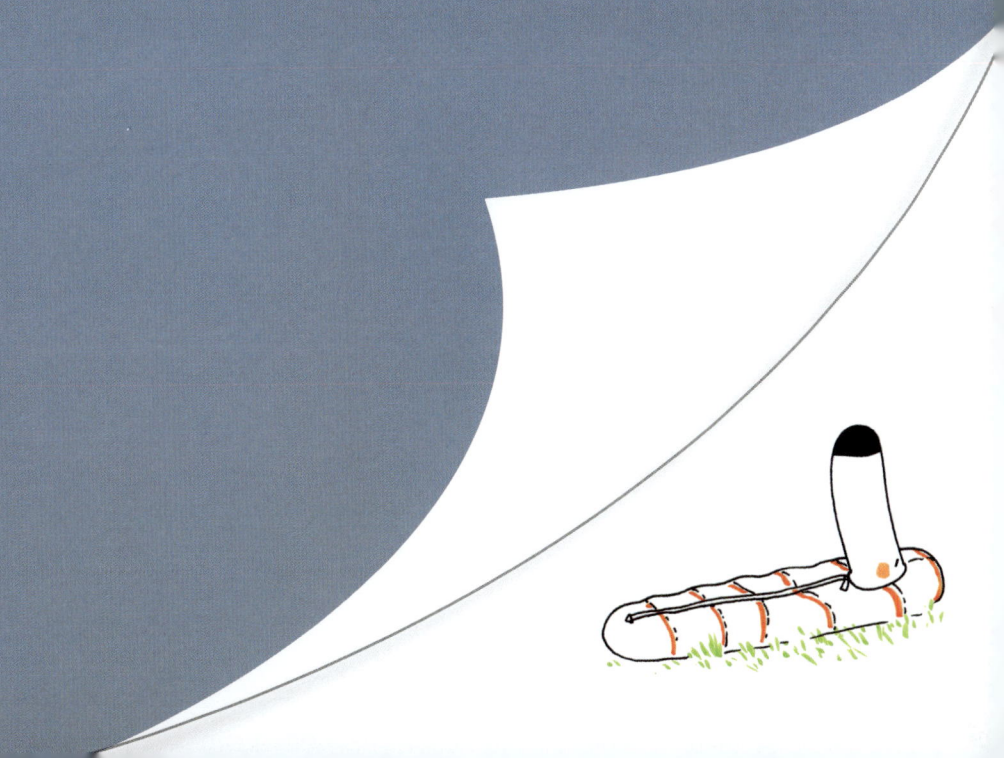

星空之下

想露营，你首先要学会搭帐篷或搭建临时庇护所。

搭建庇护所

事实上，搭建临时的庇护所并没有你想象中的那么困难。你需要准备几根结实的长树枝、几块大石头，还有一块布料。

1. 找两根带有树杈的树枝。

2. 将两根树枝固定在地面上，中间相隔一定的距离，然后将另外一根长树枝架在树杈上。

3. 用布料覆盖住整个结构。

4. 最后，将布料的四个角往外拉出一段距离，并分别用石头压住。

黑暗警醒

"地球一小时"（Earth Hour）是世界自然基金会针对全球气候变化所提出的一项全球性节能活动，活动倡议在这一个小时内，全世界所有的城市地标及个人家庭将灯熄灭。你也参与到这个活动中来吧！

实用小贴士

▶ 请保护环境，爱护大自然！不要将食物或垃圾到处乱扔。

点燃篝火

▶ 在确保四周环境不会引起火情，在露营地工作人员允许的情况下，你可以从地上捡一些干树叶、干树枝和干木头堆放到一起（千万不要到树上去砍）。

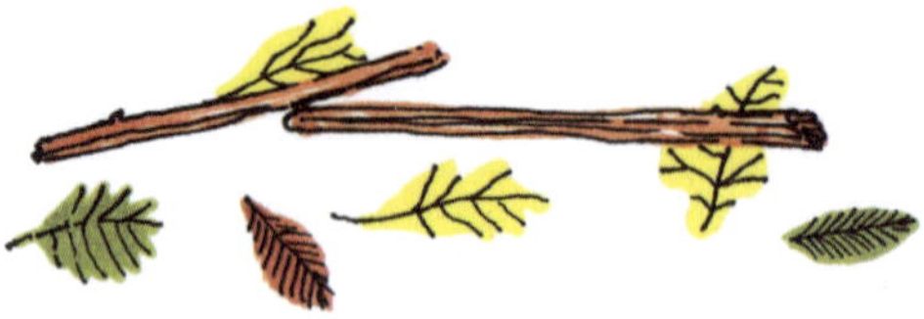

▶ 在地面上挖一个直径 50~60 厘米、深 15 厘米的洞，四周用石头围起来。

▶ 在洞里放一些干树叶，然后再放些细枝条。
▶ 请大人将树叶点燃。
▶ 等火苗旺盛起来以后再放一些粗的树枝。

实验

露营小食

你和家人围坐在篝火旁聊天是多么惬意的一件事啊！这时候，你们准备一些简单又美味的小吃简直再合适不过了！

1. 你可以让你的爸爸妈妈将火腿或香肠串到木签上，然后放在火苗上烤。

2. 洗几个土豆，裹上锡纸，放在火上烤 20 分钟就能烤熟。

3. 准备一些棉花糖，串成串放在火上烤。

实用小贴士

- 刮风的时候千万不要生火。
- 生火的地方要远离容易着火的树枝或草地。
- 视线始终不能离开篝火。
- 手边放一桶水或一桶沙子，随时做好灭火的准备。
- 很多地方是禁止点火的，出发前要先做好功课，了解好情况。

夜间考察

夜间考察之旅即将开启，你准备好了吗？

在大人的陪同下，选择一条你所熟悉的路，你会发现，平时习以为常的那些地标在夜里好像变了样子，走在路上的感觉跟白天完全不一样。夜里光线没有白天好，所以你需要尽量选一个晴朗无云的夜晚出行，并带好手电筒等方便夜间出行的装备。

夜视能力小训练

请你试着克服对黑暗的恐惧，习惯夜晚的光线。

下面这个小训练可以助你一臂之力。训练开始之前，你需要先静下心来，关注周围的声音。

1. 熄灭手电筒，一分钟后再打开，然后再熄灭，并不断地将熄灭的时间拉长。
2. 你的眼睛会逐渐适应昏暗的光线，训练几次后，就可以看清楚周围的一些东西了。

实验

> 实用小·贴士

▶ **观察小动物，首先要认真挑选**埋伏的地点，最好是选在草地上或林间的空地，周围不要有太多遮挡视线的树木。夜间观察活动要在大人陪伴下进行。

▶ **找个舒服的姿势坐下来**，伪装一下，可以在身上披一条毯子，尽量和周围的环境融为一体。

▶ **不要说话**，尽量不要乱动，不然会把小动物吓走。

▶ **如果你看不到任何动物**，可以借助于手电筒。手电筒所发出的光线会让动物的眼睛发亮，从而更容易辨认。不过要注意，不要用光线特别强的手电筒，不然会引起动物的不适。

光的信号

炎热的夏夜，你可能会看到草丛里有一闪一闪的光亮，那是萤火虫在发光！

太阳下山以后，这些小家伙就会离开藏身之处，停落在草丛里。它们通过发出断断续续的光芒，来向同伴传递信号。

夜晚的动物

猫头鹰：
会将猎物整个吞下，然后再反刍出消化不了的部分。

谷仓猫头鹰：
每天大约能吃掉三只老鼠！

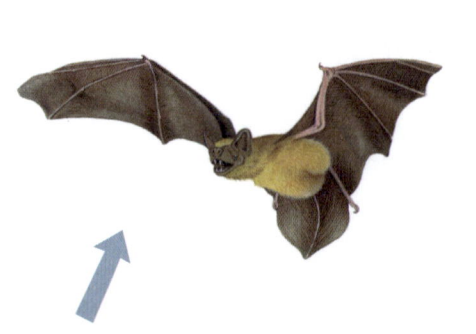

褐山蝠：
翼展能达到 35 厘米，是欧洲最大的蝙蝠物种之一。

灰林鸮（xiāo）：
以老鼠、榛睡鼠和其他鸟类为食。

夜行动物

有些动物是夜行性的。对于这些动物来说，夜幕降临时，它们的"一天"才真正开始。还有些动物会趁着夜间出来猎食。

獾：
打洞高手，会在森林里的地下挖出又深又复杂的洞穴。

狐狸：
会捕食一些小型动物，也很爱吃黑莓、苹果等水果。

你在夜晚考察期间可能会听到一些动物的声音。

69

夜的"歌声"

比起白天，夜里噪声较少，你的听觉会变得更加灵敏。夜色之中，小动物们在尽情地歌唱，快来听听是谁在唱歌吧！

请竖起耳朵，仔细地聆听

你可以先找一片林间的空地，舒舒服服地坐下来；闭上眼睛，静静地倾听。你还可以把手放到耳后，这样可以听得更远。

请描述下你听到的声音并记录在笔记本上。

你听过猫头鹰的叫声吗

请你用下面的方法试试看吧!

1. 将双手按照图中的样子叠放在一起,然后放到嘴巴前面。
2. 两根大拇指中间留一条缝隙。
3. 按照两短一长的节奏朝着缝隙里吹气。
4. 重复呼唤几次。

实验

实用小·贴士

▶ **在春日的夜晚**,你会听到夜莺婉转的歌声中还和着蛙鸣,这是一首名副其实的大自然交响乐。它们的歌声是为了吸引异性。一般来说,雄性动物的歌声会更嘹亮,因为只有这样才能吸引雌性伙伴。

▶ **网络上**有很多关于动物叫声的录音,你可以找来多听听看,以后就可以分辨出更多动物的叫声了!

仰望星空

现在，我们花一点时间来仰望夜空。

在远离城市的地方，夜里没有太多灯光，你可以更清楚地看到天上的星星。躺在草坪上，仰望星空，你都看到了哪些星座呢？

这是仙后座，由排列成"W"或"M"字形的五颗星星组成。

这是金星，是夜空中很亮的一颗星，又称"启明星"或"长庚星"，因为在黎明前或太阳刚刚落山时，它的亮度达到最高。

这是大熊座，是著名的北斗七星所在的星座，所以很好辨认。

这是北极星，是非常有用的一颗星星，因为它总是在正北方，可以帮助我们辨别方向。

这是小熊座，是北极星所在的星座。他之所以叫"小熊座"，是因为形状跟"大熊座"很相似。

星星的寿命

你知道吗？星星其实并不是永恒的。最古老的恒星有120多亿年的历史，但所有的恒星最终都会走向消亡。

好热

登山之旅

跨越丛林，抵达山顶

　　山地旅行既充满魅力，又充满挑战。在确保安全的情况下，你可能需要蹚过溪流，越过交错盘绕的树根，翻过陡峭的山坡。当你走进丛林深处，蘑菇、苔藓、湿木头的气味就会迎面扑来，目之所及是色彩缤纷的野花和千奇百怪的灌木丛，每个角落都散发出勃勃生机。你越向上攀登，植被就变得越稀疏；等你抵达山顶，树木便不见了，光秃秃的岩石成了主角。如果足够幸运，你可能会偶遇一些小动物，或者看到猛禽在上空展翅高飞。

　　在本次旅行中，你所需要的装备包括厚袜子、登山鞋、防雨外套、指南针、帽子和望远镜等。

如何辨别方向

出发之前，你一定要学会辨别方向，因为在树林里很容易迷路。出发时，你记得要随身携带一张地图和一个指南针。

实用小贴士

▶ 在地球磁场的作用下，指南针总是指向正南和正北的方向。

▶ 注意：使用指南针时，一定要远离望远镜或手机等其他带有磁性的物品，因为它们会干扰指针的正常转动。

定向越野赛

这个游戏不仅能让你与大自然亲密接触，还能提高你的逻辑思维能力和辨别方向的能力。

1. 和朋友们一起规划好比赛的路线，其中包括几个"必要关卡"，比如走独木桥、绕着某棵树转一圈、捡到某粒种子、跨越某块岩石……

2. 完成所有关卡且用时最短的人获胜。

游戏

怎么看地图

要想通过地图来辨别方向，你首先要知道该怎么看地图。你需要牢记：地图的上方对应的是北。因此，地图右侧对应的就是东，左侧对应西，下方对应的则是南，简而言之，就是"上北下南，左西右东"。

山林里的芬芳

漫步山林，尤其是雨后或雪后，你会闻到各种各样的味道：松树脂的清香、灌木丛里潮湿树叶的气味、泥土的气息、湿润的木香，还有蘑菇和浆果的香味……

是香味还是臭味

1. 在树林里选一个安静的地方，然后将注意力集中到嗅觉上。你闻到了哪些味道？

2. 这是些什么样的味道？是甜美的，愉悦的，还是令人讨厌的？

3. 这些味道让你联想到了什么？把这些宝贵的体验都记录在本子上吧。人对气味是有记忆的，以后再拿出来读的时候，你一定会再回忆起这些味道！

自制蓝莓果酱

你知道如何制作出美味的蓝莓果酱吗？下面我们就来学习一下！

所需原料：
1 千克蓝莓、1 千克白糖、
1 个柠檬、水。

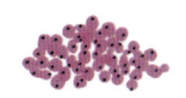

1. 清洗蓝莓。

2. 锅里倒入 250 毫升水，然后加入柠檬汁和白糖。

3. 请身边的大人来开火，先开大火将水煮开，然后转中火。

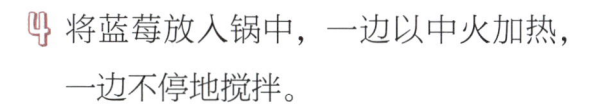

4. 将蓝莓放入锅中，一边以中火加热，一边不停地搅拌。

5. 搅拌 20 分钟后，关火，静置一个晚上。

6. 第二天再加热搅拌 20 分钟。

莓果

野草莓

树莓

黑莓

蔓越莓

好多果子

除了蓝莓，树林里还能找到很多其他种类的果子，比如黑莓、草莓、玫瑰果、接骨木果、颠茄、树莓、栗子……但是要注意，这些果子中只有一部分是可以吃的，其他的要么有毒，比如颠茄和未熟透的接骨木果，要么不好吃，比如假叶树的果子。

菌类

蜜环菌

鸡油菌

牛肝菌

橙盖鹅膏菌

蘑菇

多么迷人的蘑菇家族啊！雨后，一个个蘑菇在山林里悄悄地探出了脑袋。蘑菇的种类有很多，它们颜色各异，形状也各不相同。在这里要注意，你不要随意采摘野外的蘑菇，以免采到毒蘑菇而导致中毒。

小动物们在哪里

　　山林是鸟类的天堂,你在这里很容易看到鸟儿从空中掠过的身影,也能看到大山雀或旋木雀在树枝间踱着步子寻找食物。抬起地上的枯树枝,或靠近树干,你可以看到甲虫、蜘蛛等昆虫在不知疲倦地忙碌着。树洞里也热闹得很,灰林鸮就喜欢把巢穴建在里面;狐狸跟它们不一样,更喜欢把自己的住处藏在岩石或树根下的洞穴里。

如果足够幸运，你还可以看到松鼠在大树之间跳来跳去，狍子在空地上吃草。当你的目光足够敏锐时，甚至可以看到啄木鸟在树干上啄洞。不要说话，静静地倾听，你会发现看似安静的树林其实充满着各种各样的声音，有动物的叫声，也有窸窸窣窣的响声，每种声音都需要你去仔细辨认。

哺乳动物

旱獭

白鼬

阿尔卑斯羱(yuán)羊

雪兔

高山上的动物

在登山的过程中,植被会发生变化,你所遇到的动物也会随之改变。上面这些就是高山上常见的动物。

鸟类

金雕

黄嘴山鸦

岩雷鸟

岩鹨（liù）

为了更好地躲避天敌，和环境融为一体，有些动物会随着季节的变化而改变皮毛或羽毛的颜色。

野外伪装网

为了在观察动物的同时又不被它们发现，我们必须做好伪装，也就是尽可能地和环境融为一体。下面我们就来学习一个伪装技巧。

1. 去五金店买一张稍大一些的网子（用来制作捕虫网的那种就可以）。

2. 在网格里塞入树叶和小树枝，覆盖住整张网子。

3. 选定合适的观测地点，把伪装网铺开。你快躲到网下去观察动物吧！注意保持安静，尽量不要乱动。

云杉花草茶

阿尔卑斯山上生长着许多针叶树。所谓的针叶树，指的就是云杉和松树这类叶子细长如针、冬天不会落叶的乔木或灌木。

你知道吗？有些云杉的针叶和嫩芽是可以食用的，而且还有很多种吃法！

下面的花草茶就是其中一种：

所需原料：
10 克云杉嫩芽
150 毫升水

步骤：
请大人把水煮开，将云杉嫩芽放入沸水中，盖上盖子，浸泡几分钟。

水

云杉嫩芽

蝰蛇之毒

蝰（kuí）蛇是生活在山地里的一种毒蛇，它的毒性是致命的。为了避免和蝰蛇不期而遇，你在山地里走路时一定要注意脚下，尽量不要把手放在地上，要听从大人的指导。

观察天色

山上的天气说变就变。你只有学会观察天色,才能随时做好准备。

积云

卷层云

卷云

积雨云

实用小贴士

▶ **观察云层**。云层的形状、高度及移动的方向都是预报天气的可靠指标。

▶ **如果出现积雨云**,说明马上要下大雨,你需要赶紧找地方避雨。

▶ **如果出现雨层云**,预示着接下来会有坏天气;如果出现卷云、积云和卷层云,则表明接下来天气不错,最多也就只是下点儿小雨。

闭门"造云"

请你动手制作一朵属于自己的云彩吧！你需要准备的材料有：厚玻璃杯、烧水壶、水、小金属盘、冰块。

1. 请身边的大人将水煮沸，然后倒入杯子中。

2. 将金属盘放在杯子上，然后再把冰块放到金属盘上。

3. 杯子里的蒸汽遇到冰冷的金属会迅速凝结，你会发现，一朵属于你自己的"小云朵"形成了！

实验

遇到雷雨天怎么办

在山上遇到雷雨天气非常危险，你需要立刻从山顶上下来，并且远离孤立的大树。如果身处开阔的平地，你可以蹲下来贴近地面。你不要触碰任何金属制品，又尖又长的东西也很危险，因为它们很容易成为雷击的目标。

求救信号

尽管做足了准备，但是你在旅途中仍然有可能会遇到一些意外。这时候，你要发送求救信号，告诉别人你需要帮助。

视觉求救信号

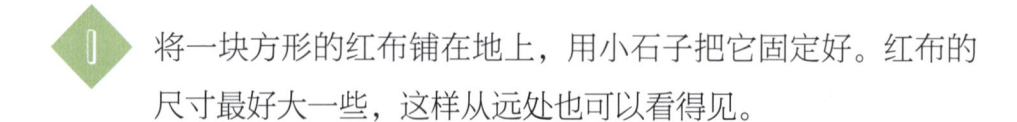

1. 将一块方形的红布铺在地上，用小石子把它固定好。红布的尺寸最好大一些，这样从远处也可以看得见。

2. 用石头、滑雪杆或其他手边能找到的材料在地上摆出一个大大的"SOS"的字样（每个字母都要有1平方米左右）。

光学求救信号

1. 如果是在白天，你可以用镜子反射阳光作为求救信号。

2. 如果是在晚上，你可以用手电筒发射求救信号：即长亮三次，快速亮三下，然后再长亮三次。

声音求救信号

1. 如果是在黑夜里或大雾天，你可以通过吹哨子的方式来传递求救信号：每分钟吹六次，按照三声短音、三声长音，然后再三声短音的频率来吹。

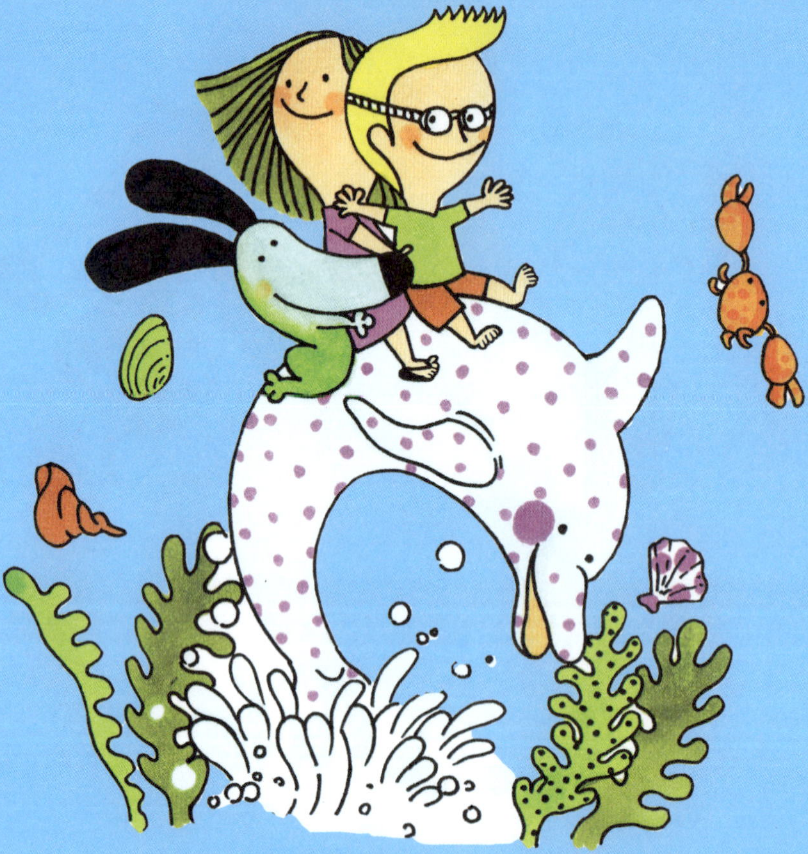

海滨之旅

探索海滩及其周边地区

海洋，是世界上动植物数量最多的地方。从地球上体型最大的动物蓝鲸，到小得看不见的微生物蓝藻，大海是名副其实的生命摇篮。

漫步在海滩上，你可以凝视着远方的海平线，聆听着海鸥悠悠的鸣叫，感受着咸咸的海风夹着水雾从脸颊拂过。比起其他旅行，去海边可以说是相当惬意和有趣的，你可以在沙滩上尽情探索，去发现那些藏在沙子里的小动物，去观察慷慨的浪花在岸边留下了哪些宝贝……

在本次旅行中，你所需要的装备包括合适的衣服和鞋子、帽子、太阳镜、小网子、铲子和小桶等。

赶海寻宝

　　选择海滩作为你探索海洋的起点简直最合适不过了，因为这里处处都隐藏着惊喜。海水退潮时，你可以去礁石附近的沙滩上仔细观察。看，大海送来了多么丰富的礼物啊！有贝壳、彩色鹅卵石、墨鱼的骨头、海胆的骨骼，还有海鸟的羽毛……

记忆旅行箱

快来动手制作一个专门的箱子来盛放与大海有关的回忆吧！你需要用到的材料有大纸箱、硬纸板、彩色卡纸、胶带、胶水和剪刀。

1. 取一只大一些的箱子，将上面的两块纸板剪掉。

2. 把硬纸板的一边用胶带固定在纸箱上，当作箱子的盖子。

3. 从彩色卡纸上剪下小鱼、海星、贝壳等各种形状的图案。

4. 用胶水把这些可爱的图案贴到箱子上作为装饰。

5. 一只漂亮的时光记忆旅行箱就做好了！把你在海边拍的照片、捡到的宝贝和其他与大海有关的记忆都放进去吧！

向垃圾说不

除了来自大海的礼物，海滩上还有许多垃圾，比如烟头、塑料瓶、罐头盒……这些垃圾有的是游客留下的，有的则是被潮水带到岸上的。我们不应该做任何有损海洋环境的事情，保护环境是大家共同的责任。

制作夏日饰品

请你发挥自己的想象，用生活中的废旧材料，比如雪糕棍、彩色塑料勺、塑料盖子等，制作几款夏日饰品吧！

1. 收集一些小雪糕棍，把它们涂成彩色。用绳子把它们绑在一起，做成一款别致的手链。

2. 收集一些塑料盖子，在每个盖子中间钻一个小孔，用一根细绳将盖子串成一串。一条漂亮的项链就做好了。

3. 用冰激凌里的塑料小勺来做一款独一无二的首饰吧！

有趣的沙画

沙子不仅可以用来搭建城堡，还能用来作画。你需要准备的材料有稍厚一些的画纸、铅笔、干沙子、胶棒、发胶。

1. 在纸上画一个简单的图案。

2. 把你想要"上色"的部分用胶棒涂抹一遍。

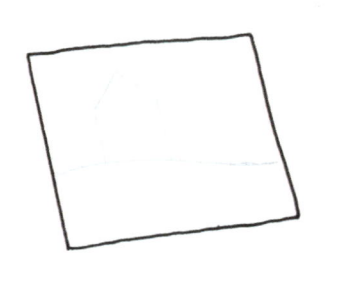

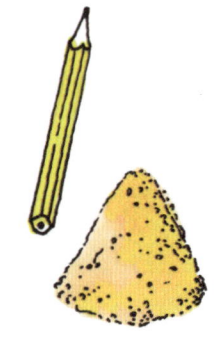

3. 把沙子倒在纸上，然后轻轻晃动，抖落多余的沙子。

4. 在画上喷一层发胶，将画面固定下来。

注意：为了避免对沙滩造成破坏，取极少量的沙子即可。

鸟类

鸬鹚（lú cí）：
以鱼类为食，可以潜到 6 米深的水里去捕食猎物。

普通燕鸥：
一种候鸟，会飞到热带及亚热带海洋地区去过冬。

黄脚银鸥：
能发出各种各样的叫声，每种叫声都能向同伴传递一种不同的信息。

海滩和礁石上的生物

海滩上生活着许许多多的动物。你可以看到鸟儿在海滩上跳跃或在海面上翱翔；小贝类或小昆虫在沙子下的巢穴里探头探脑；附着在礁石上或半掩在水里的软体动物爬行……

软体动物

樱蛤

飓风钟螺

鸟蛤

地中海射线帽贝

章鱼：
喜欢藏在岩石缝隙或岩洞里，身体极为柔软，可以变成不同的形状。

软体动物的身体柔软，外面有一层起保护作用的外壳，这个外壳是它们自己制作的，会随着它们的长大而长大。我们在沙滩上捡到的贝壳，实际上正是这些软体动物的"骨骼"。

甲壳类动物

↑ 寄居蟹

↑ 疣酋（yóu yǒu）妇蟹

刺胞动物

多孔动物

海葵：
生命力很强，离开水后，在高温之下仍然可以存活数个小时。

海绵：
生长在海底的岩石和礁石上，形态多种多样。

千奇百怪的海洋生物

　　沿海地区是海洋生物最为丰富的地方。这里生活着各种形态和颜色的动物，它们有的喜欢爬行，有的喜欢游泳，有的依附在海底的岩石上，有的藏在沙子里，还有的悬浮在水里……

棘皮动物

海星

海胆

棘皮动物的身体表皮一般都有棘，仿佛身披铠甲的士兵。

鱼类

杂斑盔鱼：
喜欢生活在海神草丛里，可以潜到 120 米的深海处。

比目鱼：
姿态非常特别，它侧卧在海底，两只眼睛都挤到了身体的同一侧。

颌针鱼：
身形尖细，嘴巴很长。

海鳝：
长度可达 1.5 米。

探索水下世界

水下的世界美轮美奂且变幻莫测，我们可以通过观看纪录片、参观水族馆等渠道来欣赏美丽的水下世界。如果你有潜水证的话，还可以亲自潜入水中探索这个神秘的世界！

孤独的鱼

仔细观察下面这些奇怪的小鱼。除了其中三条，其他鱼都有一个跟自己一模一样的同伴。请你把这三条孤独的鱼找出来吧！

观察

水里的庞然大物

大海里面除了鱼类，还生活着许多大型哺乳动物，比如海豚和鲸鱼。这些迷人的动物已经完全适应了水里的生活，它们的四肢进化成了鳍，个个都是"游泳健将"。

气候与温度

沿海地区的气温没有太大的起伏,这种特殊的气候条件,造就了海边特有的植物。在地中海地区,你可以看到很多橡树、橄榄树和海岸松,还可以看到大片的迷迭香、龙舌兰和海百合等灌木和草本植物。

龙舌兰的花　　　迷迭香　　　海百合

冬青栎　　　橄榄树　　　海岸松

神秘的信息

如果你要写一封信，让它随着海浪漂流到大洋彼岸，你会写些什么呢？

你好！

我的名字叫…………………………。

我今年………岁，生活在………………。

如果你想给我回信，下面是我的地址：

………………………………………………

………………………………………………

………………………………………………

和朋友们互相给彼此写一些有趣的信息吧！

实验

海龟，你今年几岁

大海里还生活着地球上最古老的生物之一——海龟。从恐龙时代起，海龟就已经存在了，已经在地球上生活了两亿多年。

生态公民

如果你能学着认识并尊重你所生活的环境,那么你就可以成为一名"生态公民"。"生态公民"不仅关心环境问题,同时也关注栖居在当地环境中的"居民",包括人类及动植物。

个人的力量虽小,但我们也可以做很多有用的事情!

鸟类驿站

花园、露台或阳台都可以吸引鸟儿落脚休憩。你也可以在自己家打造一个小小的"生态绿洲",具体步骤如下。

1. 你可以找一个深10厘米的塑料盒,为鸟儿们做一个饮水槽或"游泳池"。如果你打算把它放到花园里,注意不要放到猫咪或其他动物能接触到的地方,不然可能会吓到你的"客人"。

2 你可以在家里放一些鸟儿喜欢的植物，比如三叶草，它结出的种子是金丝雀和苍头燕雀的最爱，乌鸫（dōng）和黑顶林莺则偏爱常春藤这类植物结出的浆果。

107

ヨ 你可以动手给鸟儿们做一个自动喂食器，为它们提供食物，帮助它们顺利过冬。

丩 找一个塑料瓶，在上面扎四个小孔。

ㄅ 拿两个木勺，从小孔中穿过。

ㄈ 在瓶子里装满谷物（小麦、大麦或其他粮食），让大人帮忙把瓶子悬挂在距离地面 2~4 米的地方。很快，你就会看到有"客人"来拜访！

4 建造一个温馨的鸟巢！

a 找一个旧陶土花盆。

b 用锤子较细的一头沿着花盆底部的排水孔轻轻敲打，使孔变得更大一些，大约要敲掉花盆底部一半的大小。

c 将花盆放到被茂盛的青草包围着的岩石上，如果是在树篱下方就更好了，知更鸟看到一定会毫不犹豫就钻进去休息！

搭建

小制作：滑稽的小动物

你知道吗？我们每人每年大约会制造 550 千克的垃圾，其中只有很小一部分可以回收利用！

你可以想一想往垃圾桶里扔过多少瓶子、盒子、纸板和袋子等，如果能发挥想象，我们完全可以变废为宝，把这些废品做成各种有趣的东西！

你需要准备的材料有塑料瓶、几个彩色的瓶盖、剪刀、胶水、彩色卡纸、彩色水笔。快来尽情享受动手创作的快乐吧！

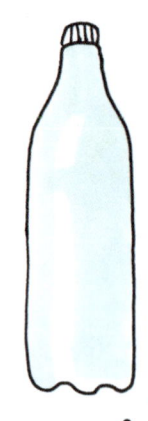

1. 取一个塑料瓶，请大人帮忙把瓶底剪掉。

2. 将瓶子的下方剪成条状作为乌贼的爪子，然后把它们像盛开的花朵一样铺展开来。

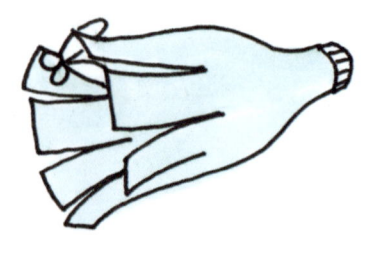

3. 从彩色卡纸上剪下两个小圆片，用胶水贴在瓶盖下方。

4. 把瓶盖贴在瓶子上，作为乌贼的眼睛。

5. 接下来，你可以用彩色卡纸和彩笔把你的小乌贼装饰得更加可爱。

6. 你还可以用相似的步骤做一只小章鱼……

7. 在大人的帮助下，发挥想象，做出更多的小动物吧！

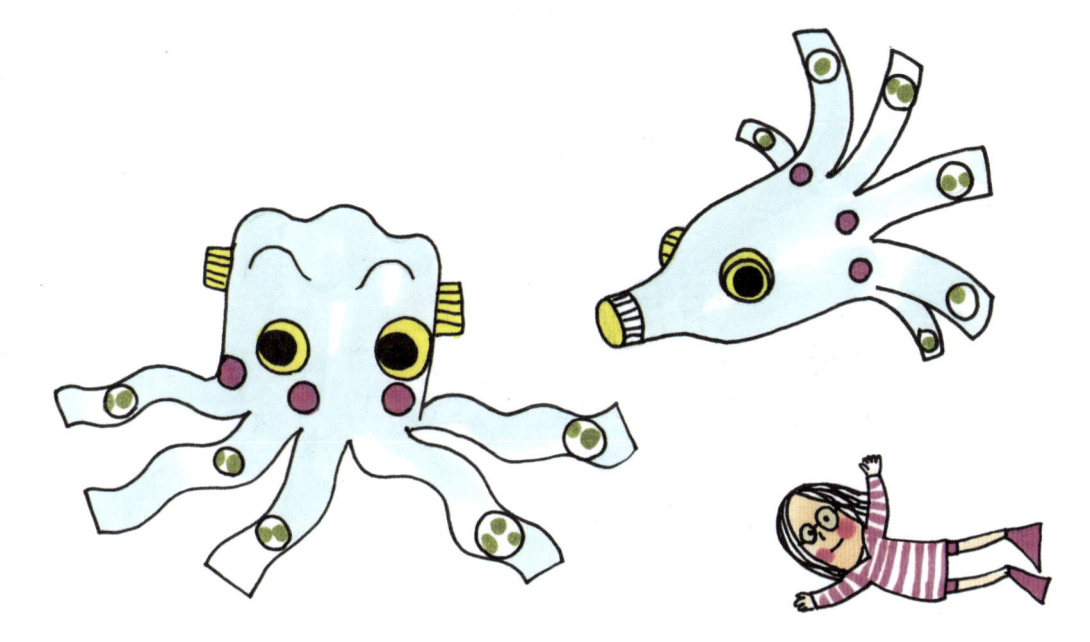

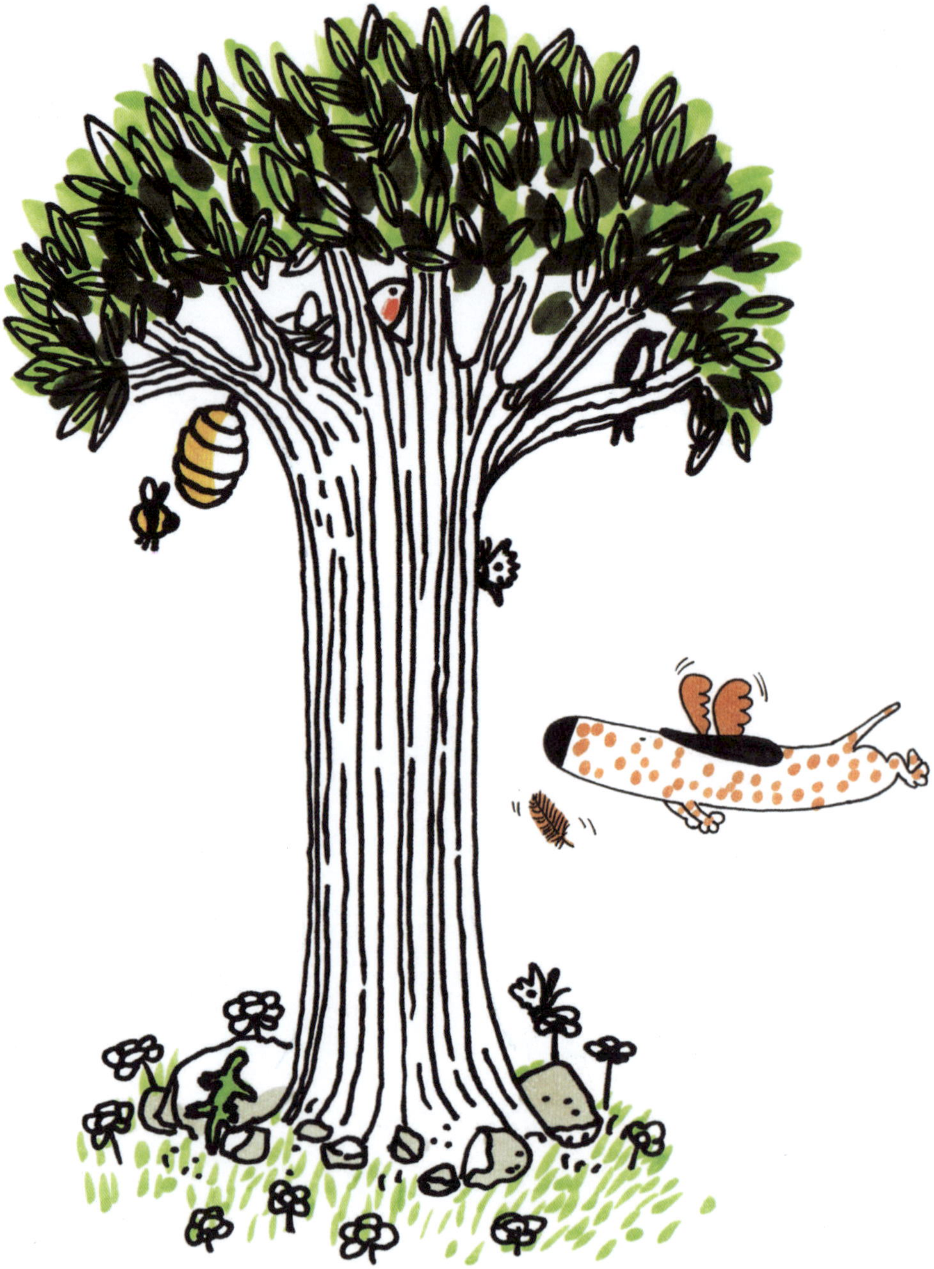

去挑战！少年科学任务

电影世界探秘

［意］朱利亚·卡兰德拉·博诺拉　著
［意］法比奥·桑托马罗　绘
杨苏华　译

科学普及出版社
·北京·

图书在版编目（CIP）数据

去挑战！少年科学任务．电影世界探秘 /（意）朱利亚·卡兰德拉·博诺拉著；（意）法比奥·桑托马罗绘；杨苏华译 . -- 北京：科学普及出版社，2024.3
ISBN 978-7-110-10693-8

Ⅰ. ①去… Ⅱ. ①朱… ②法… ③杨… Ⅲ. ①科学知识－少年读物②电影－少年读物 Ⅳ. ① Z228.1 ② J9-49

中国国家版本馆 CIP 数据核字（2024）第 047904 号

著作权合同登记号：01-2023-1611

Missione Cinema
"First published in Italy in 2018 by Franco Cosimo Panini Editore S.p.A
Original title: Missione Cinema © Franco Cosimo Panini Editore S.p.A
Text by Giulia Calandra Buonaura
Illustrations by Fabio Santomauro
Graphic Project by Giovanni Munari"
The simplified Chinese translation rights arranged through Rightol Media
（本书中文简体版权经由锐拓传媒旗下小锐取得）
Email:copyright @ rightol.com

踏上激动人心的新旅程

穿越历史的探险之旅即将开启，在本次的旅程中，我们将一起了解诸多伟大的发明。它们不仅改变了人们的生活方式和娱乐方式，也成为人们认识世界的新窗口。

电影是如何诞生的？有哪些人为此作出了贡献？本次旅行将带你解答这些疑问。不仅如此，你还能领略到众多电影大师的魅力，他们的杰作使电影升华为一种艺术，成了我们这个时代最伟大的"演出"。

接受充满挑战的任务

在本次旅行中，你将学到很多有趣的知识，比如如何编故事、如何塑造人物和设计场景；了解到演员在台上应该怎么讲话和移动；学会如何更好地激发观众的情绪，从而创作出一部令人难忘的影片……

会动的猫

快速翻动书的右上角，你会看到猫动了起来！

每一页的小猫图像都是小猫运动过程中的一帧，当一帧一帧的画面按顺序快速切换时，小猫看起来就像真的在动一样，这就是手翻书。

事实上，电影的工作原理也是一样的。

导航 图标

游戏

测试

观察

发现

创作

手工

烹饪

你知道吗？

导演笔记

这个标志表示有一个**好玩的任务**需要**你动手参与**。

这个标志表示有**新奇的小知识**。

看到这个标志，表示你将在这一页中收获**有趣的拓展知识**。

目录

电影的前身　　1
生命的动感　　2
神奇的光学仪器：暗箱　　4
世界的缩影　　8
幻影魔术　　10
电影放映机　　16
有声电影的发明　　18
电影与外语　　20
彩色电影的发明　　22
导演笔记：电影院诞生之前的神奇机器　　24

台前幕后的电影人　　27
观众　　28
导演：电影的创作者　　32
摄影指导：光影艺术家　　34
布景师：舞台布置专家　　36
编剧：电影剧本的创作者　　38
对白作者：语言创作大师　　39
演员：表演的专业人才　　40
音效师：有趣的职业　　42
导演笔记：电影剧组里的其他成员　　44

电影的制作过程　　47
影棚拍摄　　48
实地取景　　50

塑造人物 52
演员培训 54
电影开拍 56
导演笔记：电影的语言 58
各种各样的摄影机 62
故事板 64
化装与特效 66
多种多样的特效技术 68
如何渲染气氛 70
推广：海报和预告片 72
荣誉与奖项 74

电影的类型 77
科幻片 78
奇幻片 80
冒险片和动作片 82
喜剧片 86
歌舞片 88
历史片 90
动画片 92
三维动画 94
定格动画 96
其他类型的电影 98
奇趣彩蛋 100
电影里的穿帮镜头 101

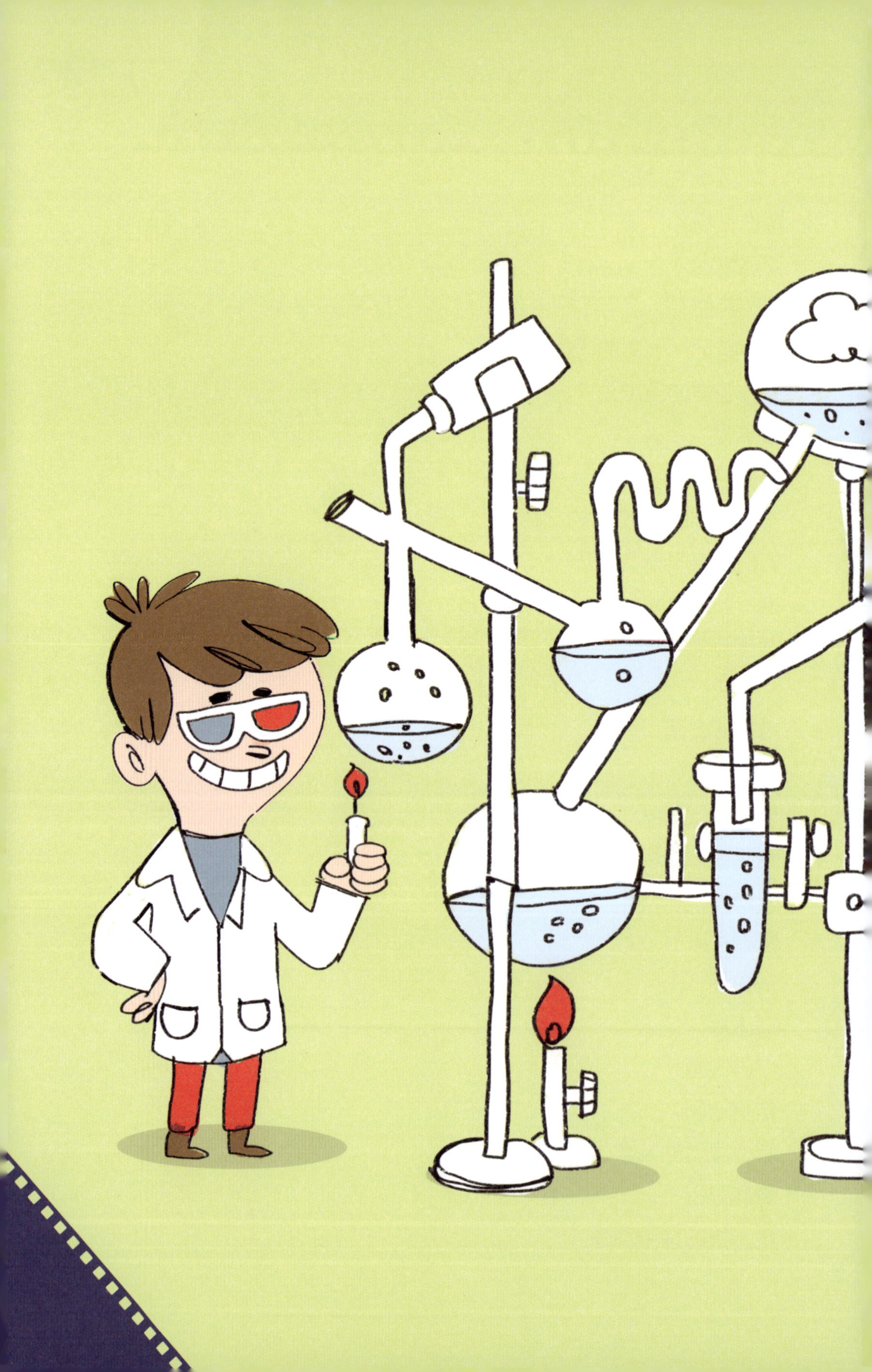

电影的前身

电影的前身是什么？翻开电影的历史，你会发现站在幕后的**发明家们有多么了不起**！为了记录和再现生活场景，他们倾注了毕生的心血进行**科学研究**和**发明创造**，将"眼睛的魔法"施展得出神入化，使不同年龄层的观众们都为之着迷。

生命的动感

从远古时代开始，人类就在以各种形式**反映周围的世界**，比如原始的石刻。只不过这些作品是静止不动的，无法展现动物或人进行中的动作。正是这种**再现生命动感**的强烈欲望，驱使着人类去挑战越来越复杂的研究和实验，为后来电影的诞生埋下了希望的种子。

会动的影子

皮影戏是最早尝试展现动态画面的艺术形式之一。你也来"演"一出皮影戏吧！

需要准备的材料：

1 个纸箱　　　　　胶带和胶水　　　　烤串用的竹签
剪刀和美工刀　　　1 张烤箱纸　　　　1 只灯泡
2 张黑色卡纸

操作步骤：

1. 请身边的大人将纸箱的底面剪掉，四周只留下宽约 3 厘米的边。

2. 从卡纸上剪下一个装饰性的图案，并粘贴在纸箱上。

3. 用胶水将烤箱纸贴在剪掉底面的纸箱框架上。

4. 将灯泡放入纸箱中，使它位于烤箱纸的后方。

5. 在黑色卡纸上画出一些人物、动物或物品的轮廓，用剪刀将轮廓剪下并用胶带固定在竹签上。

现在，让你的"皮影"动起来，向观众们讲述发生在它们之间的精彩故事吧！

神奇的光学仪器：暗箱

16世纪时，科学家们发明出了一种**和人类眼睛的工作机制相同的装置**——暗箱。暗箱实际上是一个封闭的盒子，盒子一侧有一个小孔，光线透过小孔照进来，外面的景色就投射在了小孔对面的墙壁上，只不过投射出来的图像是颠倒的。怎么样，是不是很神奇？后来，暗箱也成了**画家们的好帮手**，借助暗箱所呈现出来的倒像，他们可以更方便地将景物描画下来。

镜子的神奇魔力

后来，为了使投射出的图像更加清晰，人们在暗箱的小孔前面装上了一只放大镜。为了将颠倒的图像矫正过来，人们又在暗箱里加了一面倾斜的镜子。

颠倒的画面

仔细观察下面这幅画和它倒映在镜子里的图像,你能看出它们之间有哪些区别吗?

5

便携式暗箱

小型的简易暗箱做起来非常容易，我们一起来做一个吧！

操作步骤：

1. 在大人的帮助下，从纸盒的一个窄面上剪出一个长方形，四周留出2厘米宽的边，形成一个框架。

2. 从半透明纸上剪下一个大小适中的长方形，用胶水将它贴在纸盒框架上。

3. 用笔蘸取颜料，将纸盒内部及盒盖内侧全都刷成黑色。

4. 等颜料晾干后，请大人用钉子在纸盒的另一个窄面（正对框架的那个面）上钻一个小孔，使光可以通过小孔照进来。

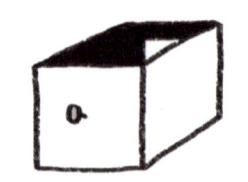

5. 盖上纸盒的盖子，然后将小孔对准某个明亮的物件，比如手电筒或者一把被蜡烛照亮的钥匙。

需要准备的材料：

鞋盒　　　　　半透明的纸　　　　画笔和黑色颜料
剪刀和胶水　　钉子　　　　　　　放大镜
美工刀　　　　钥匙　　　　　　　手电筒或蜡烛

6 这时你会看到半透明纸上出现了所选物品的倒像！

7 现在你可以在小孔前面放一个放大镜，你会发现纸上的图像变得更清晰。

颠倒的世界

　　为什么投射在纸面上的图像是倒立的呢？因为光是沿直线传播的，照进小孔的光线既不能变弯也不能改变方向，因此物品的上部就会投射在纸面的下方，物品的下部反而会投射在纸面上方。

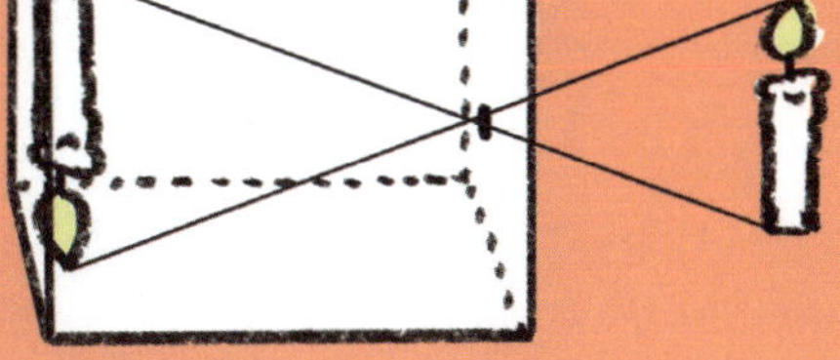

世界的缩影

18世纪，又一种了不起的机器问世了，这是一个由**透镜、蜡烛等**构成的神奇盒子。

只要你的眼睛对准机器上的透镜，世界各地的风景画卷就会出现在眼前。没错，世界"变小"了，这是有史以来人们第一次看到世界的缩影！这个"魔盒"很快就被小贩们带到了街头巷尾，并出现在各种节日庆典上。它向人们展示着城市的景观、重要的历史事件，让观众们觉得自己仿佛是在远方旅行，就像如今的电影院所带给我们的体验一样！

人们透过"魔盒"所看到的这些"视觉风景"实际上是**经过特殊处理的版画**。为了达到透光的效果，这些版画会被打孔，背面则被涂上彩色颜料。"魔盒"借助自然光或蜡烛的光将固定在盒子里的图画照亮。如果将光源放在图片前面，观众们看到的就是白天的景色；相反，光源从图片后面照过来展示的就是夜景。

白天与黑夜

"魔盒"可以向观众们展示同一个景点在白天和夜晚的不同景色。我们也找来了某座城市的昼夜两种景观，只不过两幅图片并不是完全一样的。请你把它们的区别找出来吧！

幻影魔术

魔术灯笼，也叫魔灯，这种内部带有蜡烛的小盒子，可以将画在玻璃片上的图案放大后投射在一面白墙上，当时的魔术师会利用它进行魔术表演。

后来，人们给魔术灯笼装上了轮子，使它可以沿着轨道移动，这就是著名的"幻影机"。表演的时候，所有装置都藏在观众看不到的地方，可怕的"幽灵"像被施了魔法一样在墙上飘来飘去，伴随着恐怖的声音，观众们全都被吓得毛骨悚然！**幻影魔术由此诞生。**

幻影大放映

你想放映一场幻影魔术吗？那就先来制作一台幻影机吧！

需要准备的材料：

1 个比鞋盒稍大的纸盒   1 只低能耗的灯泡
美工刀   小动物模型、剪影或其他物品
放大镜

操作步骤：

1. 如图，在大人的帮助下，从纸盒较长的一个侧面上裁出一个长方形。

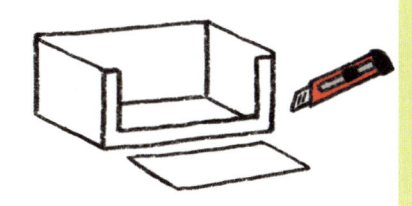

2. 在对面的纸板上开一个圆形的小洞。

3. 在小洞外侧放一只放大镜。

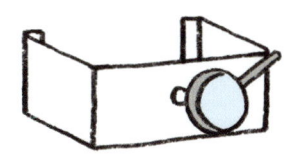

4. 将发光的灯泡放进盒子中，紧靠带孔的一侧。

5. 把做好的幻影机放在黑暗的环境中，使它正对一面白墙。

6. 选一个小物件放进盒子，它的彩色倒像立马就会投射在墙壁上！

把手放进盒子里晃一晃，墙面上会有朦胧的光影飘过哦！

眼睛也有"记忆"

一项科学研究表明，人类的眼睛也有"记忆"。当某幅图片在我们眼前闪过，即便它已经离开了我们的视线，但却仍然可以在我们眼睛的"记忆"中存储零点几秒。这听起来很不可思议吧？你可以通过一个实验来验证一下：找一个手电筒，然后来到一间黑暗的房间里并站到镜子前。现在，你需要打开手电筒，将它握在手里并快速旋转手臂。这时，你的眼睛将会看到一个没有间断的亮圈！

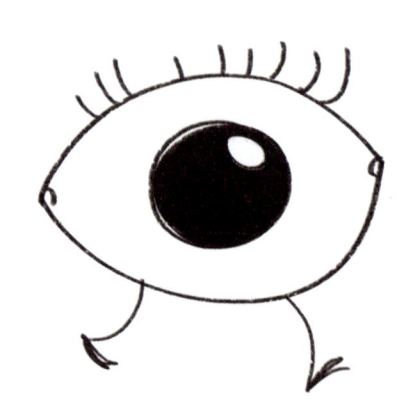

连在一起的图像

既然图像可以在我们的眼睛里停留片刻，那么如果我们以极快的速度将另外一个图像送到眼前，我们的大脑就会将前后两个图像自动"连接"在一起，这时我们就会以为它们不再是两张独立的图，而是一个整体！

幻影转盘

幻影转盘就是利用这种"错觉"做成的一种简易玩具，你也动手做一个吧！

需要准备的材料：

白色卡纸　　铅笔或水彩笔　　剪刀　　橡皮筋

制作步骤：

1. 借助茶杯在卡纸上画一个直径10厘米左右的圆形，然后用剪刀将它剪下。

2. 在剪下的圆形纸片上画一个鸟笼。

3. 在纸片的背面画一只小鸟，注意要把它画成颠倒的！

4. 在纸片两侧各打一个小孔，每个小孔里穿入一根橡皮筋。

5. 把两根橡皮筋握在手里，用拇指和食指迅速捻搓，使纸片快速转动。这时，你会看到两个图案重叠在了一起，小鸟出现在了笼子里！

记录转瞬即逝的一刻

照片能将稍纵即逝的瞬间定格下来,告诉我们许多不曾注意的细节。通过下面的实验,来感受一下照片的强大"力量"吧!

1. 趁着家人在做事的时候给他们拍一张照片。

2. 现在请你仔细观察这张照片:人物的表情是怎么样的?

3. 看看画面里有没有你之前没有注意到的细节呢?

运动的分解

摄影的出现，使得我们对运动过程的分解变成了可能，比如我们可以给一个正在跑步的人拍摄很多张照片。这样一来，原来由于动作太快导致人眼捕捉不到的动作也被记录在了照片上，并清晰地展现在了我们面前。下面的图片除了某一张以外，剩下的都是从一个动作中分解出来的。请你把这个"例外"找出来吧！

参考答案：无关的图片是 C。

电影放映机

19世纪末，法国的**卢米埃尔兄弟**突发奇想，发明出了"电影放映机"。这种设备可以**拍摄**大量图像，并将一帧帧的画面**固定**在透明胶片上。一条胶片可以做得很长，能容纳几百上千个图像。通过摇动手柄，放映机可以将画面投射在白色的屏幕上，由于**画面切换非常快，看起来就像是动态的**。一天，卢米埃尔兄弟在巴黎的一家咖啡馆公开放映了一部影片：一辆火车呼啸着驶入车站，仿佛要冲出屏幕，直奔现实世界而来。在座的观众们惊慌失措，四散而逃……这部电影就是《火车进站》。

电影胶片

在英语中，我们用"film"来指称电影，这个词也有胶片的意思。胶片上面有若干个片格，一张张图片都被印在这些片格里。胶片的两侧各有一排小孔，这样在照相机或放映机里拖动都很方便。你知道吗？一段仅有一两分钟的短片，有900~2000帧画面，胶片的长度为27~54米。

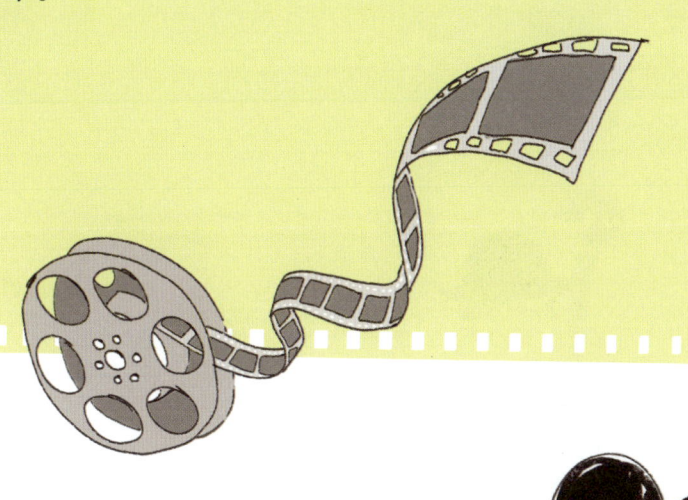

"快来快来，放电影啦！"

最开始的时候，电影放映的地点一般会选在集市、广场或者游乐场里。观众们很容易就会被绚丽的灯光、热闹的音乐、小商贩们的叫卖声吸引过去。

有声电影的发明

早期的电影都是**无声**的，故事的情节要么靠字幕来说明，要么由**解说员**现场讲述，配乐也由**音乐家们**现场演奏。

后来，著名电影制作公司华纳兄弟推出了**有声电影**。第一部"会说话"的电影取得了轰动性的成功，所有的电影制作公司都纷纷开始采用这种新技术。与此同时，演员的表演方式也发生了翻天覆地的变化，原来浮夸的哑剧表演变得越来越流畅自然。不得不说，这确实是一场名副其实的"革命"！

"电影之城"的诞生

20世纪初，众多年轻的导演、制片人和演员们汇集到美国加利福尼亚州的洛杉矶寻求发展的机会。环球、华纳、米高梅等一系列著名的影视制作公司由此诞生，好莱坞也随之成为神话般的"电影之城"。

设计对白

观察下面的图片,你觉得它讲述了一个什么故事?如果里面的人物可以讲话,他们会说些什么呢?请你展开想象,为他们构思两组不同的对话吧!

从电影中的人物开始说话的那一刻,一切都不一样了。

电影与外语

如果要把一部用自己国家的语言拍摄的电影放给其他国家的人看,你觉得应该怎么做呢?请你从下面的选项中勾选出你认为正确的。

☐ 换成会说那个国家的语言的演员。

☐ 演员不用换,但是要让他们尝试用那个国家的语言来说台词。

☐ 找配音演员给原来的演员配音。

☐ 太复杂了,还是每个国家的观众都去看自己国家的电影吧。

参考答案:在电影刚出现的时候,除了第一个答案,其他答案都曾经被尝试过。

配音趣事

演员们在表演时常常被迫说外语,需要读出写在**提词器**上的外语词汇的发音,但是这种粗糙的配音方式经常会出现这样或那样的问题!

一人一音

如今,配音现象依然十分普遍。因此,同样一部电影,引入到某些国家后,里面人物说话的声音和原版是不一样的。不过,制作方会尽量挑选一些跟原声相近的演员来配音。比如在电影《指环王》(意大利语版)中,角色咕噜的配音就和原版非常接近。

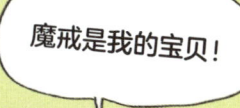

魔戒是我的宝贝!

彩色电影的发明

最早的电影都是**黑白的**！你也许会觉得很不可思议，但事实就是这样的。后来，人们通过**对胶片进行染色**，即一帧一帧地手工填色或者把胶片浸泡在彩色的液体中，才制作出了极少量的彩色电影。直到**"特艺彩色"**这种拍摄技术的问世，彩色电影才成为主流。这种技术可以在三张胶片上分别记录红、蓝、黄三种颜色。我们知道这三种颜色也被称为三原色，因为它们经过混合，可以得到其他所有的色彩。因此，人们只需要将录制完的三条胶片叠放在一起……奇迹就发生了！

手工染色

下图所展示的是老电影胶片中的一格画面,请你给它涂上颜色。

彩色电影曾经完全依靠手工上色,一部彩色的电影是一帧一帧地填涂出来的!

导演笔记

电影院诞生之前的神奇机器

全景幻灯

　　这是一种大型的圆柱形设备，周身安装着许多**双筒观察器**。观众的两只眼睛可以同时看到两张不同的**照片**，它们结合在一起，塑造出**立体的效果**。机器内部设有一个特制的装置，它能使图片自动移动。这样一来，观众们可以依次看到全部的图片。这种机器是德国企业家奥古斯特·富尔曼在1880年推出的，借着"最便宜最方便的环球之旅"的宣传口号，全景幻灯迅速红遍了全球。

光学影戏机

埃米尔·雷诺发明了光学影戏机,通过举办"夜光默剧"放映会,用这种新机器来向公众展示他自制的卡通短片。这台机器第一次让公众们看到了一个有开头、有具体情节、有结尾的完整动画故事。

活动电影放映机

家喻户晓的美国大发明家爱迪生不仅发明了电灯,还发明了活动电影放映机。观众需要将眼睛对准放映机的观察口,然后转动把手,就可以看到一部胶片短片了。

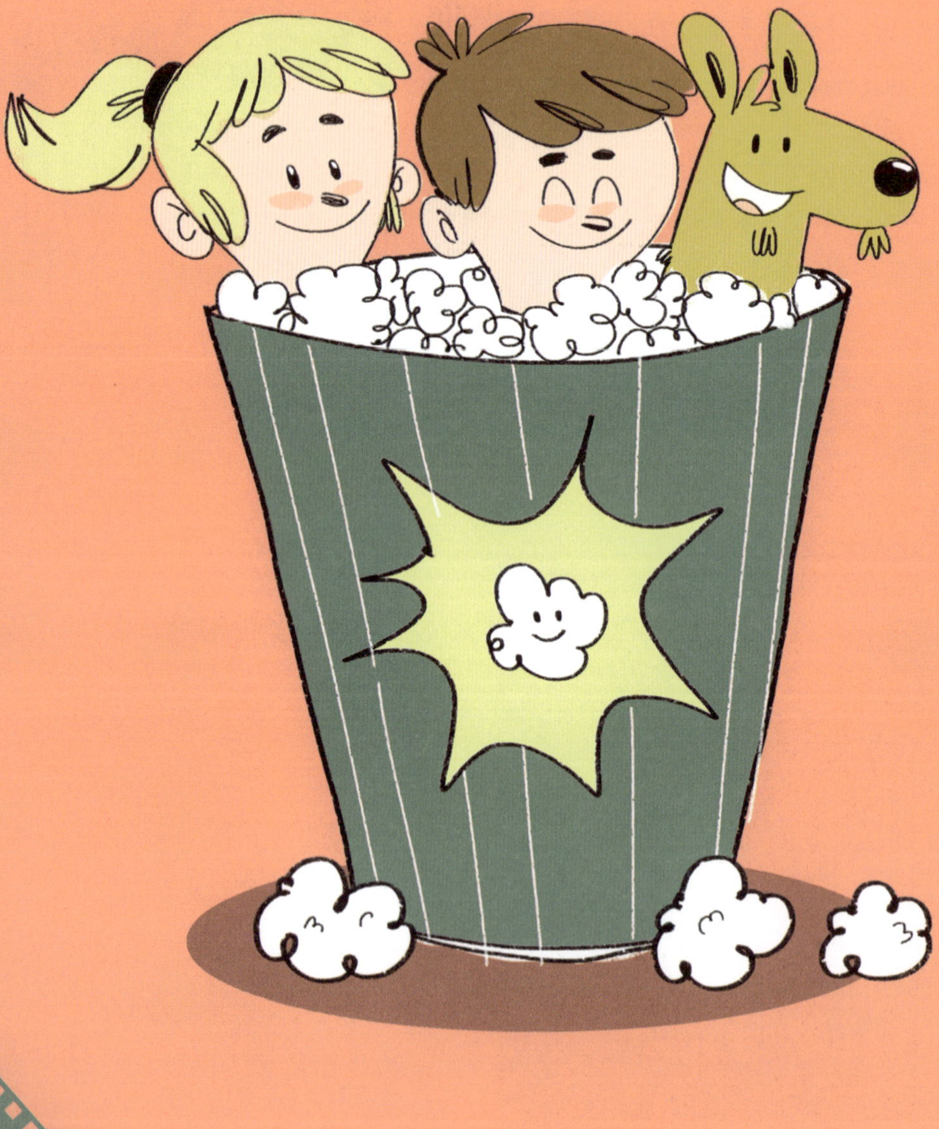

台前幕后的电影人

当你舒舒服服地坐在电影院的座位上，灯光渐暗，音乐缓缓响起，多彩的画面开始在屏幕上滚动时，你便会不由自主地走进眼前的故事，跟着里面的人物一起经历快乐与悲伤……

你有没有想过在这魔术般神奇的屏幕背后，有多少人在辛勤付出呢？电影是集体智慧的结晶，拍好一部电影，需要无数电影从业者的密切配合，他们每个人都有自己的角色和明确的分工。

开启你的探索之旅吧！

观众

电影的**第一个"主角"**就是观看影片的你！也许你觉得不可思议，但是如果没有观众，关于电影的话题也就无从说起。一部电影如果没有观众去**观看**、**体验**、**批评和讨论**，那么它的存在又有什么意义呢？

如今我们在家打开数码设备就可以观看电影，但是走进电影院观影的体验还是无可替代的，专业的放映机、巨大的屏幕、立体音响、一排排整齐舒适的座椅、突然暗下来的灯光都能带给你更加震撼的感官体验。

来挑战

这个电影放映厅里发生了很多怪事……你看到了吗？

露天汽车影院

在美国，露天汽车影院非常流行。人们可以把车子开到露天的大屏幕前，舒舒服服地坐在车里看电影。旁边巨大的扩音器会播放影片的声音，有时候你也可以在车里的收音机里找到对应的音频！

以前的电影票会根据座位位置的不同定制不同的颜色。

各式各样的电影院

世界上有许多能为观众提供独特观影体验的电影院，比如古罗马圆形剧场、看起来像宇宙飞船的未来主义建筑、优雅的宫殿……总有一款是你喜欢的！

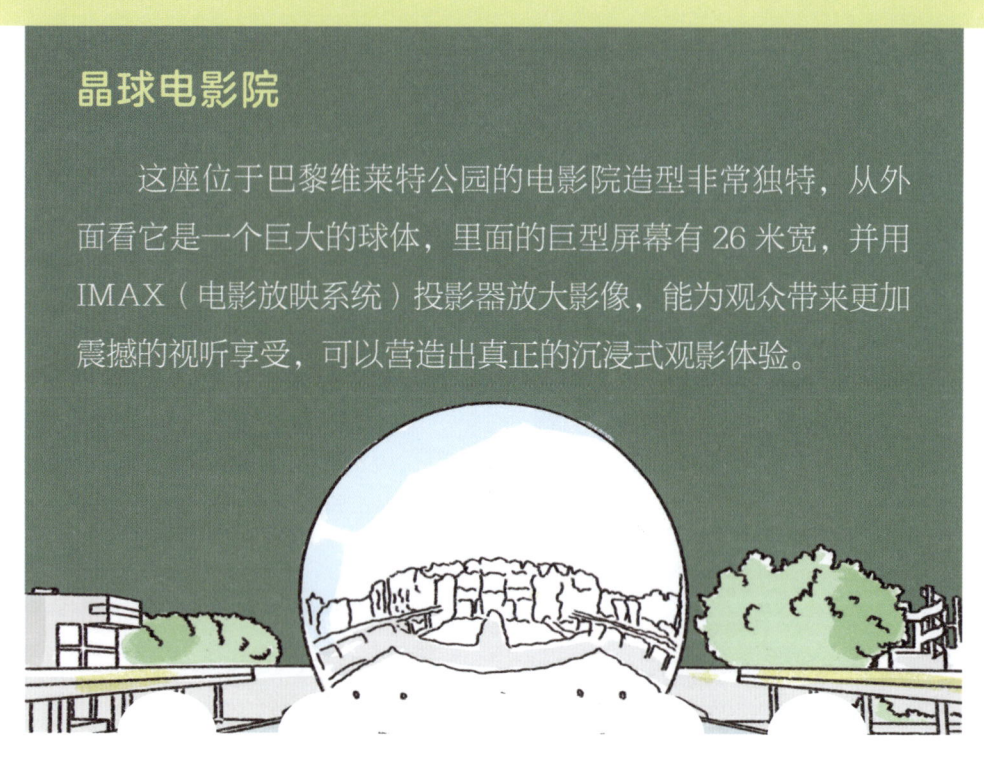

晶球电影院

这座位于巴黎维莱特公园的电影院造型非常独特，从外面看它是一个巨大的球体，里面的巨型屏幕有26米宽，并用IMAX（电影放映系统）投影器放大影像，能为观众带来更加震撼的视听享受，可以营造出真正的沉浸式观影体验。

冬季花园剧院

走进加拿大多伦多的冬季花园剧院，我们仿佛置身于一座巨大的花园，天花板上鲜花盛开、枝繁叶茂，漂亮极了。

群岛电影院

在泰国一座环礁湖上，漂浮着一座建在木筏上的电影院。这里每年都会举办电影节，但是观众名额非常少，只有极少数的幸运儿才能拿到入场券！

格劳曼中国大剧院

这是世界著名的电影院之一，有着浓郁的中式建筑风格，位于电影之城好莱坞，许多美国大片都选择在这里首映。1927年，美国演员诺玛·塔尔梅奇不小心踩在了影院门口还没干透的水泥路面上，留下了她的两个脚印。影院老板干脆将错就错，邀请其他社会名流也来留下他们的印记，这种传统就这样保留了下来，并一直延续到了今天。

导演：电影的创作者

有时候导演只是剧组里负责拍摄片子的人，但是大多时候，导演不仅负责拍摄，还是**电影的创作者**。因为导演要基于自己的世界观和个人风格，决定**向观众们传达什么样的信息**，以及如何将这些信息搬上大银幕。除此之外，导演还要负责**统筹指挥**剧组里其他的演职人员。

谁创作了谁

下面的图片中有两位著名的导演及由他们拍摄或创作的经典角色，你能认出他们分别是来自哪部电影的什么角色吗？

罗伯特·泽米吉斯

你的答案是：

彼得·杰克逊

你的答案是：

参考答案：罗伯特·泽米吉斯拍摄过《阿甘正传》中的阿甘；彼得·杰克逊导演过《指环王人》中的比尔博·巴金斯。

摄影指导：光影艺术家

导演最重要的合作伙伴之一就是摄影指导。在拍摄过程中如何运用光线是摄影指导要负责的内容。光在电影中是一个非常重要的元素。电影中的每一个场景都需要有合适的光线，这样才能被观众看到或记住。给某个空间或某个人物打光，并不是简单地将他们照亮，而是要有所侧重，借助光线来着重突出人物的某个姿势、表情或特定的场景。光影的变幻可以强调或隐藏某些细节，也可以渲染气氛和表达人物的情感。简而言之，它可以帮助导演把故事讲得更好。

制造悬念的光影

光影可以用来突出人物的特征，比如逆光，即在人物的背后放置一个比较亮的光源，这样从正面看过去人物就变成了一个深色的剪影。这种拍摄技法常用来烘托人物的神秘感，如果导演不想这么快就将谜底告诉观众，那便可以借助光线来制造悬念！

光的力量

我们可以通过改变对环境、物品或人物打光的方式，实现想要达到的效果。你也来试试看吧！

准备工作：

1. 选定一个物品（比如一个机器人）。

2. 把它放在一间黑暗或者自然光（即太阳所发出的光）较少的房间。

3. 准备好台灯或手电筒。

光影游戏现在开始，你可以尝试做以下几个方面的调整：

A 光的性质：
光可以直射或散射，比如在灯上套一个灯罩就可以将直射光变成散射光。

B 方向：
光是从哪里打过来的？是从旁边？或前面？还是从后面？

C 对比度：
即光的强度，是全亮、半明半暗还是全黑？

D 颜色：
不同颜色的灯光能带来特殊的效果吗？可以把灯泡换成彩色的试一试。

布景师：舞台布置专家

电影工作者在策划一部电影时，设计人物的活动空间和故事发生**的场景**是非常重要的一个部分。有的影片会在现实环境中取景，也有的选择自己搭建场景，这些场景要么还原真实的尺寸，要么同比例缩小以节省开支。这项工作就是由布景师来完成的。布景师要**兼顾舞台布置的技术要求和艺术水准**，在电影制作中发挥着不可替代的作用。在动手搭建舞台之前，他们往往先打草稿、绘制草图，甚至制作小型的三维模型，从而更清楚直观地看到效果，确保效果满意后再实施布置方案。

法国电影大师**乔治·梅里爱**不仅是杰出的魔术师，还是**科幻电影的发明者**。所谓的科幻电影，也就是以现实生活和科学幻想为基础，对人类的未来进行想象或预测的影片。

给科幻电影绘制草图

在拍摄电影《征服极地》之前，乔治·梅里爱曾经绘制过一幅草图，描绘的是一群探险家乘坐飞行器抵达北极后遭遇了可怕的雪地巨人的场景。

探险家们做出了什么反应？请你发挥想象，把当时的场景画下来吧！

编剧：电影剧本的创作者

构思一部电影，首先是**撰写故事草稿**，即简短地写出故事梗概、主要人物及故事发生的地点。用来拍电影的故事可以是原创的，也可以是现有的作品改编的，比如小说就是很好的改编素材（电影《哈利·波特》《指环王》和《森林王子》都改编自小说）。

草稿完成后，真正的**编剧**工作就开始了。编剧在剧本中会**写明场景、对话和镜头如何衔接**，并指出镜头应如何取景。

由于编剧写作风格的不同，有的剧本上会**写满**给演员和技术人员的**各种指示**，也有的剧本写得**不那么详细**，留给演员更多即兴发挥的空间。

对白作者：语言创作大师

对白作者负责**创作人物之间的对话**，会优化演员的口语表达，在演员需要练习特定的口音时为他们提供指导。

翻译腔

在给电影配音的过程中，对白作者要负责**对文本进行改编**，因为翻译过来的语言要和屏幕上演员的嘴形对上号。这其实并不容易！一种奇怪的语言也因此而诞生，即"翻译腔"。为了**适应原片里的口型**，配音演员会使用一些我们平时不太常用的表达方式。

演员：表演的专业人才

电影界中的优秀演员常常能让观众沉浸在剧情中，也会出现在一些电影节上。

好莱坞星光大道

位于美国加利福尼亚的洛杉矶有一条著名的"星光大道"，这条沿着好莱坞大道与藤街伸展的人行道上，镶嵌着2500多枚星形奖章，每个奖章上都刻着一个美国电影界（也包括戏剧、广播和电视界）明星的名字。有趣的是，米老鼠竟然也获得了一枚属于它的奖章！

演员的化妆间

著名演员兼导演查理·卓别林即将登台扮演他最经典的角色：流浪汉夏洛特！然而，更衣室里的他急得满头大汗，因为他的拐杖和礼帽找不到了！你能帮他找一找吗？

音效师：有趣的职业

为了渲染电影的氛围，电影制作者有时候需要将真实的声音抹去，用某些**特殊的音效**取而代之，比如恐怖片或科幻片里的那些在大自然中不存在的怪声。这些音效都需要音效师**在录音棚里制作**出来。在灯光昏暗的录音棚里，无声的"半成品"电影画面在屏幕上滚动播放着，音效师一边观看，一边用**五花八门的道具**给画面配音。经过无数次试验，最恰当的声音被录制下来，有了音效的画面仿佛有了灵魂，它刺激着观众的神经，让人们毫不怀疑地享受着眼前的"幻觉"盛宴。

音效模拟

你也来做一次音效师吧！下面这些声音可以分别用什么办法模拟出来呢？请你开动脑筋，将左侧和右侧相似的声音进行配对。

A 马奔腾的声

B 行驶中的马车声

C 腾空飞起的鸟声

D 香槟酒中的气泡声

E 噼啪作响的火焰声

1 浴盐在浴缸中冒泡的声音

2 拍打皮手套的声音

3 揉搓糖纸的声音

4 转动咖啡机把手时的声音

5 两个椰子互相碰撞的声音

参考答案：A-5; B-4; C-2; D-1; E-3。

导演笔记

电影剧组里的其他成员

制片人

制片人负责为电影**寻找资金来源**，他需要有**敏锐的直觉和洞察力**，能准确地把握观众的喜好，从而判断某个创意能否取得成功，或者某个新秀演员有没有潜力变成明星。

道具管理员

道具管理员负责片场的搭建和装饰，还要根据场景为演员提供所需要的道具。从事这项工作的人员必须工作高效又仔细。

音响师

音响师负责将**音乐和电影的声音结合**到一起，必须**精通声学原理**，熟知声音在空间里的**传播规律**。

特效总监

特效总监负责**设计、建造和操作**各种模拟不同场景的特效设备，比如飞行场景、火灾现场……他们不仅要**有创意**，还要具备专业的**技术**。

作曲人

作曲人要为电影制作原创音乐，他们是富有创意的艺术家。

场记

场记会在"场记本"上记录演员服装的变化和拍摄现场每件物品的位置等，从而确保影片画面连贯。场记的工作必须非常**严谨**，而且要有**敏锐的观察力和极好的记忆力**。

摄影师

摄影师需要精通摄影机的操作，取景的工作就是由他们操作**摄影机**来完成的。摄影师还要具备一定的**审美能力和艺术才能**。

剪辑师

剪辑师负责对拍摄出的画面进行**筛选、整理和拼接**，通过对画面的组接，最后形成一个连贯流畅且有艺术感染力的作品。他们需要有丰富的**技术知识储备**。

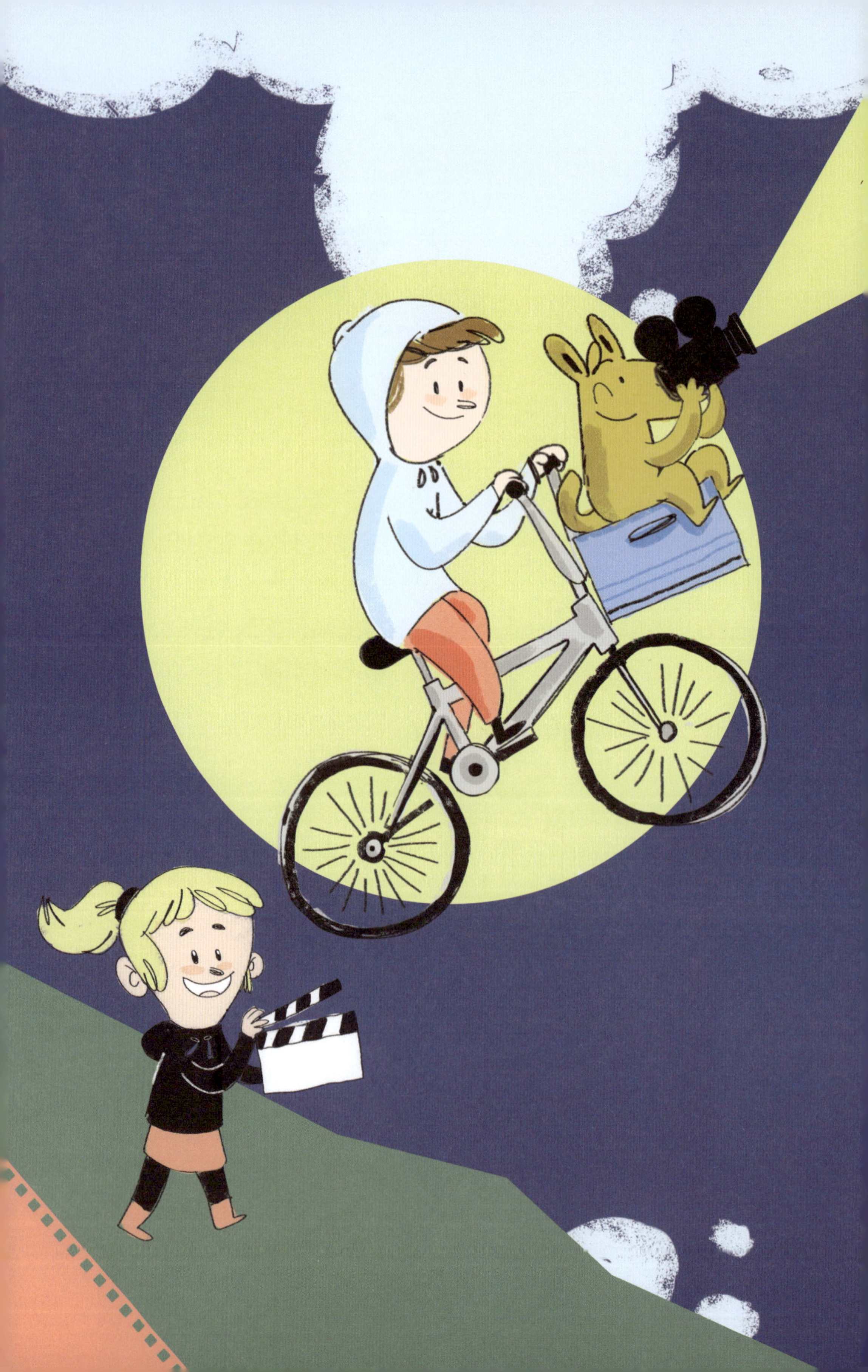

电影的制作过程

　　电影有它自己的语言，有非常具体的规则和特定的交流方式。你也许不知道，大银幕上每一个看似简单而又自然的画面，事实上都是经过仔细研究和精心处理的，目的就是抓住观众的注意力，牵动观众的情绪。

　　接下来，我们一起去探索电影的制作过程吧！

影棚拍摄

摄影棚是供拍摄影片而搭建的大棚或是建筑物，电影中的许多场景就是在这里拍摄的。

梦工厂

电影工作室就像是一个巨大的工厂，里面配备了电影制作过程中所需要的一切设备，包括会议室、存储道具的仓库，以及服装间……在这些"造梦工厂"里，往往有多部电影在同时拍摄，场景和道具也都可以重复利用。

和城市一样大的电影工作室

世界上有很多像好莱坞这样的电影城，它们的规模很大，从一座建筑到另外一座建筑，甚至需要乘坐大巴！

西部牛仔的道具

　　这里有一个乱七八糟的仓库，饰演西部牛仔的演员需要拿几件道具，但管理员不知道是哪些。请你来帮帮管理员吧！

参考答案：帽子、鞭子、靴子、……

49

实地取景

并不是所有的导演都会用到影棚，有些导演更喜欢在现实生活中取景，车水马龙的城市、静谧的乡村或大山都可以作为电影的拍摄地，比如电影《灵犬雪莉》就选择了在漂亮的阿尔卑斯山进行拍摄。

露天电影片场

你知道为什么第一批电影工作室会诞生在美国的好莱坞吗？因为那里本身就是一个天然的露天电影片场！

好莱坞阳光充裕，导演们可以直接利用自然光线进行拍摄，节省了一大笔购置人造光源的费用。

取景地面对面

观察上下两幅图片，分辨它们分别是哪两部电影的取景地。

参考答案：A.《摩登原始人2人猿泰山》；B.《指环王英雄出征记》

塑造人物

塑造人物是电影创作过程中非常重要的一个环节。在塑造人物时，**每个人物的方方面面都要考虑周全**，比如人物的性格如何、怎么走路、怎么说话、如何装扮、喜欢什么、讨厌什么、与其他人物的关系怎么样……

人物身份图谱

如果让你来拍摄一部电影，你会把主角设定成什么样呢？请为你的电影主角创作一篇人物小传吧！

肖像

姓名 ……………………………………………

籍贯 ……………………………………………

着装 ……………………………………………

步态 ……………………………………………

嗓音 ……………………………………………

喜好的东西 ……………………………………

厌恶的东西 ……………………………………

优势 ……………………………………………

弱点 ……………………………………………

显著特征 ………………………………………

职责 ……………………………………………

模拟试镜小游戏

你的朋友们想要饰演下面的角色吗？邀请他们一起来试镜吧！你们可以选取电影中的某个场景，每人表演一小段，为每个角色挑选出最合适的"演员"。

史莱克
《怪物史莱克》

奥勃利
《高卢英雄英游记》

蕾伊
《星球大战之原力觉醒》

费斯特叔叔
《亚当斯一家》

彼得·潘
《小飞侠》

?

彼特·梅犹凭借他2.18米的身高被导演选中在《星球大战》中扮演楚巴卡！

演员培训

有时候，电影里的角色要求演员必须**掌握一些特殊的技能**，比如骑马、射箭、舞剑……还记得《星球大战》里那些精彩的光剑决斗场面吗？为了完成这类拍摄，演员们必须事先经过专业的训练。

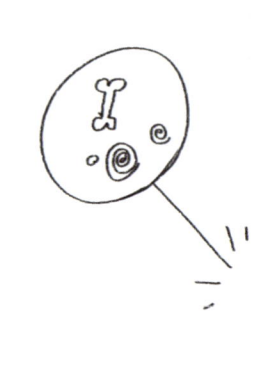

替身与特技演员

在拍摄一些比较危险或者需要某种专业技能才能完成的镜头时，演员的**替身**就会上场。替身一般都跟演员长得很像，但是具备更专业的技能，比如能达到专业舞者水准的舞蹈水平，可以安然无恙地从疾驰的汽车上跳下等。

特技演员还是训练有素的**摔跤专家**！

向绝地大师学功夫

《星球大战》里功夫出神入化的绝地大师给很多人留下了深刻的印象。你也来模仿大师的样子，学一学下面的招式吧！

致意

躲闪

防御

攻击

电影开拍

场记板指的是一块写着电影信息和所拍摄的场景名称的**小板子**，上方有一个**可以活动的小杆**。拍摄时，剧组工作人员会将小杆敲下，伴随着一声清脆的响声，示意开始拍摄。

场记板上所记录的具体信息可以帮助**剪辑师**准确地从整个胶片中辨认出拍摄的场次和镜次。因为拍摄过程中演员可能忘词或效果不符合导演的预期，同一个画面往往要重复拍摄好几次。

小小吉祥物

电影拍摄接近尾声的时候，道具管理者会把场记板赠送给剧组里的其他成员留作纪念，这已经成为电影界的传统。

动手制作场记板

场记板现在已经成了电影的标志物，它的重要性不言而喻。这一工具通常用木头或塑料制成。

需要准备的材料：

纸箱	白色绝缘胶带	文具扣
画笔和黑色颜料	剪刀	白色记号笔

步骤：

1. 在大人的帮助下，将纸箱其中一个侧翼涂上黑色颜料，待它晾干后剪下，得到一块黑色的硬纸板。

2. 从纸板上剪下一条长条，作为场记板上方的小杆，剩下的部分作为场记板主体。

3. 用白色绝缘胶带在小杆和场记板的上方贴出倾斜的条纹。

4. 如图，用白色记号笔在场记板上划线分区，并写上日期、影片名、场次、机位和拍摄条数。

5. 最后，你需要在小杆和场记板的左上角的同一位置打一个孔，然后用文具扣把它们固定在一起。

现在……电影开拍！

导演笔记

电影的语言

导演是如何让电影"讲话"的呢？当然是通过**拍摄画面**了！拍摄工作要用**摄影机**来完成，这种专业的机器可以将画面记录在电影胶片上。电影有它特有的语言，**取景**和**运镜**就是其中的一部分。

取景

所谓的取景，指的就是导演在拍摄时选取一定的人物或景物做对象。

人物拍摄常用景别

根据人物距离摄像机镜头的远近，拍摄人像时常用的景别有右图所示的几种。

全景

牛仔景别

中景

近景

特写

大特写

58

景物拍摄常用景别

根据景物在取景框中呈现出的范围大小，我们划分出了不同的景别。

大远景

远景

全景

中景

让观众看到什么和以什么样的方式呈现给观众，这些都**是由导演决定的**。"取景"的意思正是导演选取**想让观众看到的画面**放进镜头范围内，取景框之外的都是我们看不见的。

镜头的运动方式

摄影机既可以**固定不动**，也可以跟着拍摄对象**移动**。

推轨镜头

使用推轨镜头时，摄影机可以固定在**沿轨道移动的小车**上。镜头可以朝各个方向移动，**或前后移动，或水平移动，或斜向推进，甚至可以转圈**……这种摄影技术可以增强电影的戏剧性。

手持拍摄

拍摄者直接手持摄影机，自由地朝各个方向做**无规则运动**。这种技法适合新闻报道或纪录片的拍摄和录制，在拍摄冲突、争吵、打斗这类激烈的场景时也常常用到。

摇镜头

使用摇镜头时，需要将摄影机固定在三脚架上，使摄影机可以**沿水平或垂直方向旋转**。摇镜头有介绍环境的作用，镜头缓缓移动，慢慢地把观众"带入"作品中的世界。

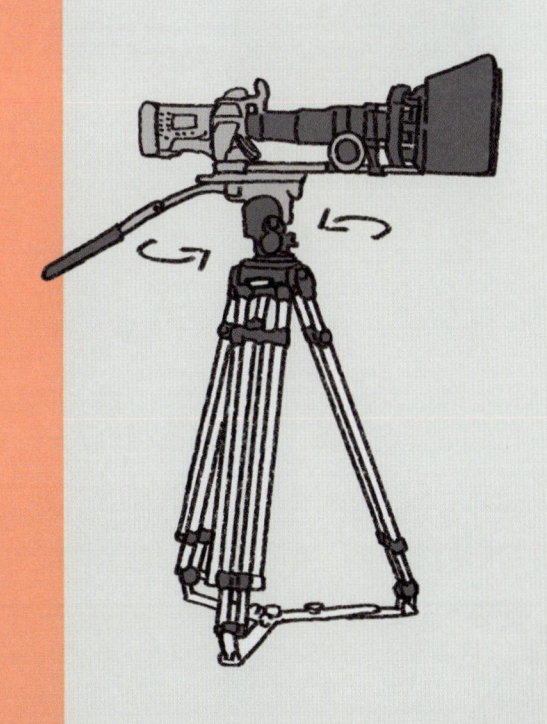

各种各样的摄影机

历史上曾经出现过各种各样的摄影机,随着时间的推移,电影业迅速发展,摄影机也经历了更新换代。

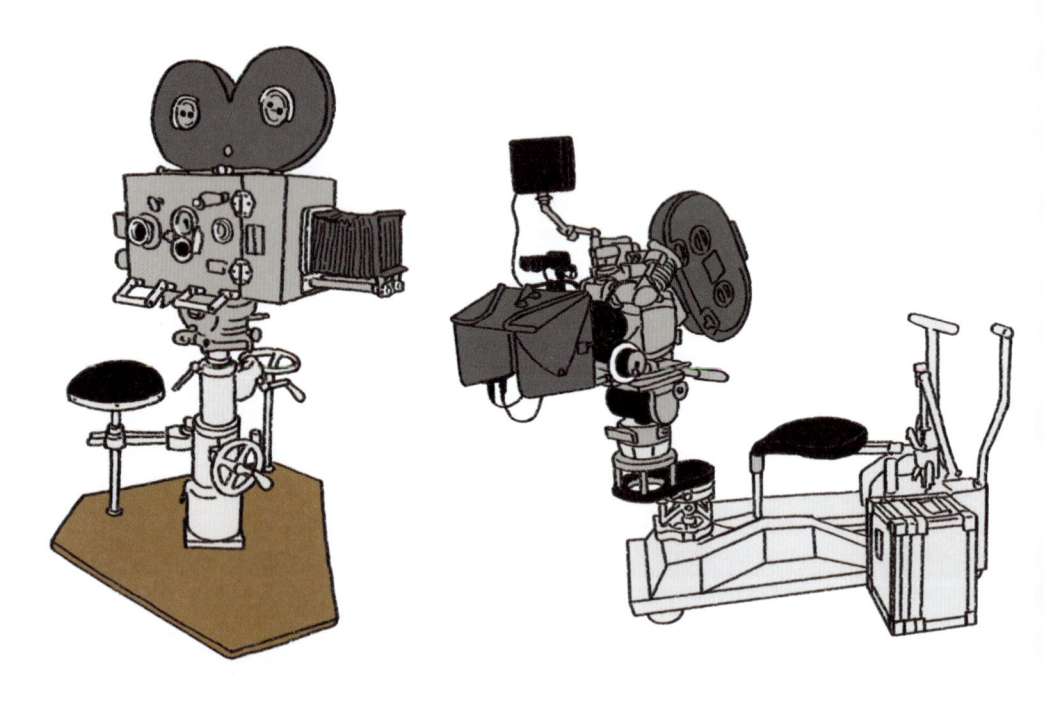

35毫米摄影机　　　　　　　今天的摄影机

如今我们已经有了数码摄影机,它们不但更灵敏,而且**只比相机大一点点**。如果你对电影史上的那些古董摄影机感兴趣,电影院博物馆一定能让你大开眼界!

取景初体验

向家长借一部手机或一台照相机，尝试用不同的景别进行拍摄，看看它们各有什么样的拍摄效果吧！

1. 选择一个拍摄对象（比如你的朋友），尝试用不同的景别来拍摄。

2. 从最近的距离开始，先对他的某个细节拍摄特写镜头，然后进行近景拍摄，并继续拉大距离……

3. 现在你可以试试正着拍、斜着拍、倒着拍……

4. 然后再从高处俯拍，从下往上仰拍……

现在请你思考：经过这番拍摄，你对拍摄对象有什么新的发现吗？

63

故事板

我们知道，电影借助着一幅幅的画面来讲述**复杂的故事**。正因如此，在拍摄情况复杂的场景时，故事板就会派上用场：剧组人员会将电影中要呈现的内容以故事图格的方式**按顺序绘制**在上面，就像连环画一样。故事板对导演、服装师、化妆师、特效技师等人员都具有重要的**参考意义**。在拍摄过程中，他们可以随时从中获取信息，妥当地安排自己的工作。

除了故事情节，故事板上有时还会用各种颜色的箭头标出摄影师和演员们的**移动方向**。

为你的电影绘制故事板

请你开动脑筋，创作一个简短的故事，并把它用类似漫画的形式绘制在故事板上。

你的故事里有哪些人物？他们如何装扮？如何走动？在拍摄时你应如何取景？除了这些，你还可以加上对动作及对话的描述。

动作 ....

对话 ....

景别 ....

动作 ....

对话 ....

景别 ....

动作 ....

对话 ....

景别 ....

动作 ....

对话 ....

景别 ....

65

化装与特效

　　电影从业者们一直在努力把**想象之中的奇幻世界**和神奇生物搬上银幕，在影片里将不可能变成"可能"。他们不断地尝试，希望能"**骗过**"**观众的眼睛**，模糊影片和现实的边界。 在这个过程中，**化装与特效**发挥了巨大的作用，通过化装，演员的体貌特征可以被改变，而特效则创造出了许多现实中并不存在的有趣角色。

一起来找茬

　　为了使影片中的特效看起来真实可信，观众和导演似乎达成了某种不言而喻的默契，只要没有看到那些效果是如何实现的，观众就愿意相信银幕上的内容都是真的。下面这个剧组的特效师显然犯了一些错误，你能把这些错误找出来吗？

参考答案：小狗身上的吊绳；云朵的阴影；被水壶用水浇出的雨；没有与背景上的楼房、建筑融合在特效背景里的鳄鱼。

67

多种多样的特效技术

在电影制作的各个阶段都可能用到特效技术：**拍摄开始前**，造型师会利用特效技术来制作特殊的服饰和妆发；**拍摄中期**或**后期**，**剪辑**也离不开特效。叠印和绿幕是最常用的两种技术。**叠印**指的是把两个或两个以上的画面叠合印成一个画面的制作技巧；**绿幕**指的则是让演员在绿幕或蓝幕前表演，拍完后在电脑上将背景抠掉，替换成其他背景的技术。

你动它也动

在进行动作捕捉时,演员的动作会像照镜子一样,映射到屏幕里的形象上。仔细观察下面的图片,你觉得这位演员在表演什么呢?发挥想象,把它画在方框里。

如何渲染气氛

除了画面，声音在电影中也非常关键，**声音**可以吸引观众的注意力，调动观众的情绪。优秀的导演会把握电影的节奏，引导观众的注意力，让观众在恰当的时机看到恰当的内容。

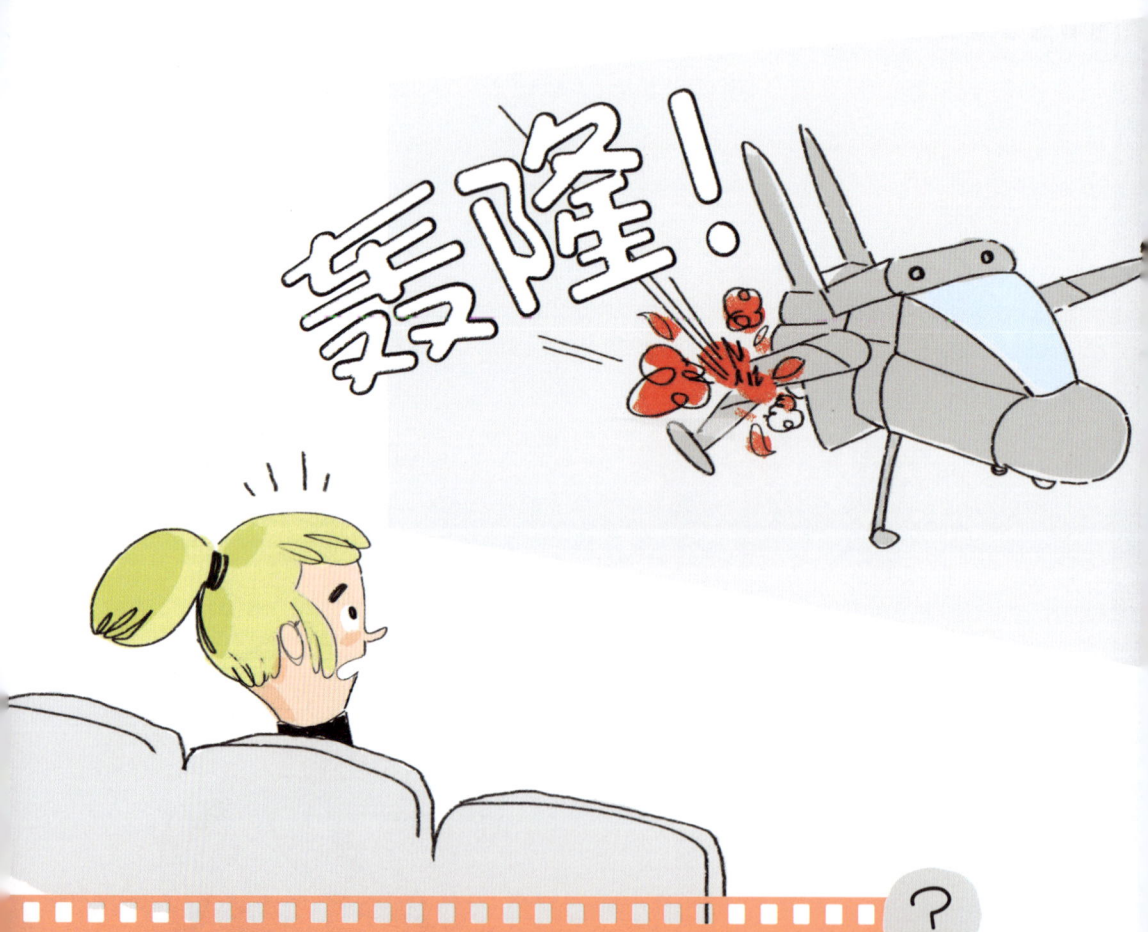

第七艺术

电影被认为是一种综合性的艺术，被誉为是继音乐、诗歌、绘画、雕塑、建筑和舞蹈之后的"第七艺术"。

剪辑初体验

同样一个画面，放在电影里的不同位置，整部影片的含义也会变得不同。

仔细观察下面的漫画，完全相同的四格画面，如果分别按照两种方式来排列，它们所讲述的故事是不是也不一样了呢？

推广：海报和预告片

电影制作完成后就进入了发行阶段，这时的首要任务是要让电影进入观众们的视野。因此，发行团队会精心制作宣传片，即电影上映前放出来的"吊人胃口"的短片。除此之外，发行团队还会安排记者对主演进行访谈，当然还有铺天盖地的电影海报。报道这部片子的记者和影评人会得到特殊待遇，发行方会组织对外保密的专属点映活动，让他们提前一饱眼福。

宣传与推广

已经完成的电影要怎么进入电影院呢？这就是电影发行公司的工作了。他们会向电影院的老板们介绍新发行的影片，承诺提供海报及其他宣传材料，努力说服各大影院放映这部影片。

海报艺术

为你的电影设计一幅海报吧!记得海报上一定要包含电影的名称、主演的名字及上映的日期。

在过去,海报常常是吸引观众们走进电影院的唯一宣传工具,因此影视公司往往将这个至关重要的任务委托给当时**声名显赫**的大艺术家来完成。

荣誉与奖项

你知道吗？优秀的电影作品是可以获奖的！电影界的奖项很多，最出名的是**奥斯卡金像奖**，它的奖杯是一座**金色的小雕像**。

每年，一支由演员、导演和制片人组成的专业评审队伍都会从新电影中评选出各类奖项的提名名单和获奖名单，奖项包括最佳男主角、最佳女主角、最佳影片、最佳导演、最佳视觉效果、最佳原创配乐……**在奥斯卡颁奖典礼之夜**，世界各地的演员和导演们会去颁奖现场走红毯，世界各地的电视台都会争相报道。

找一找

快来找找看，究竟哪一个才是奥斯卡奖的奖杯呢？

1.
2.
3.
4.
5.

"它长得像我叔叔奥斯卡！"

据说，"奥斯卡奖"这个名字来源于一个巧合：美国电影艺术与科学学院的一位女员工第一眼看到金色小雕像的时候，忍不住惊呼"它看起来像我的叔叔奥斯卡"！

参考答案：3.拿剑的小金人。

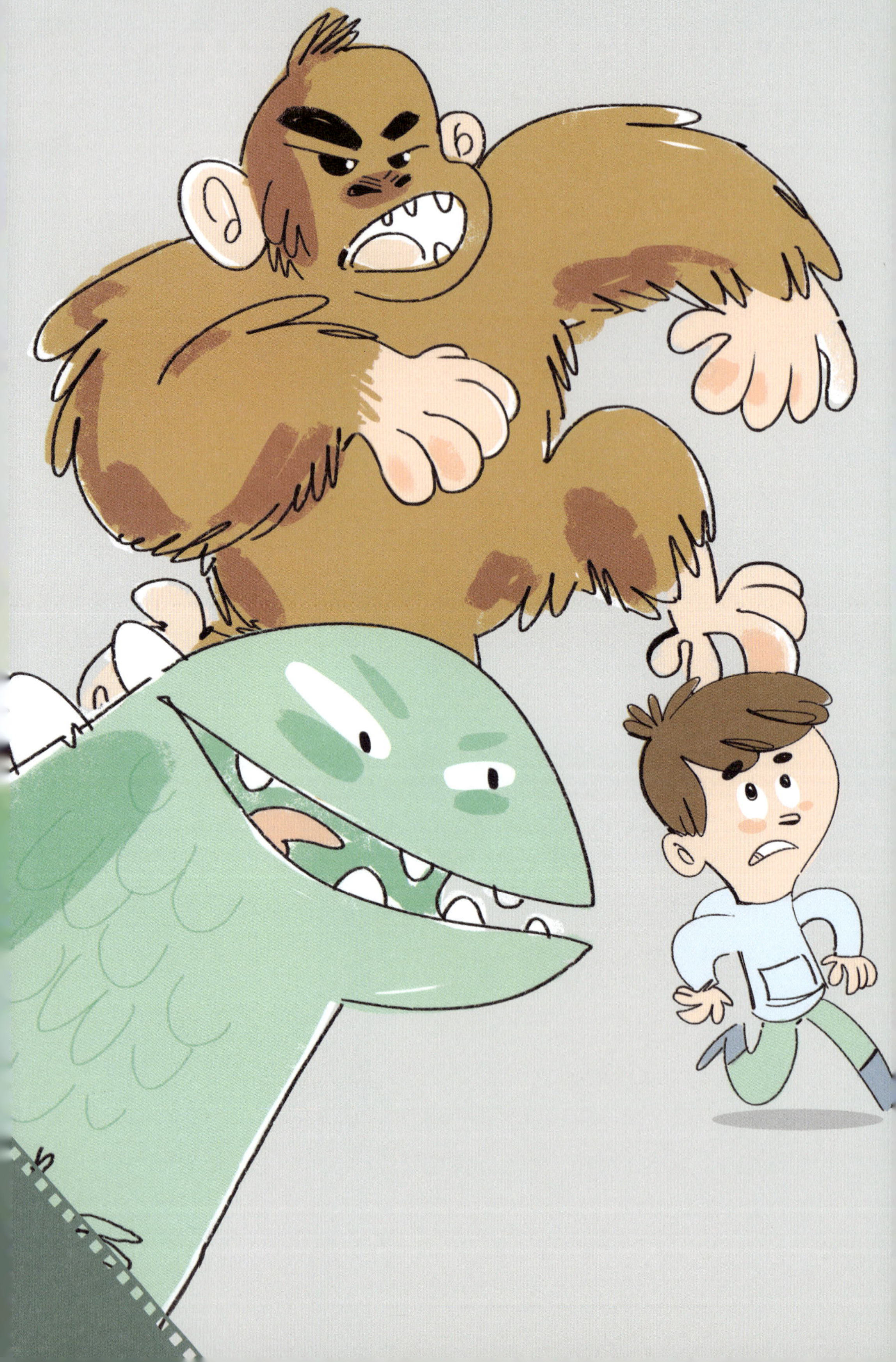

电影的类型

电影可以为你讲述各种精彩的故事，有的故事让你开怀大笑，有的故事让你感动不已，有的故事让你以光速穿越到另一个世界，也有的故事带你直面西部世界的决斗，还有的故事会带你探索发生在世界上其他地方的故事。这正是电影的美妙之处，因为**每部电影都是开启一段旅程、一次发现、一次冒险、一次全新的情感体验**……我们根据影片的主题、背景设定、角色等特征，将电影划分为不同的类型。

科幻片

没有什么类型的电影能像科幻片那样让观众惊叹。以假乱真的特效和视觉"魔术",带领着观众一会儿飞到天上去看**星星**,一会儿去发现**新行星**和**外星人**,一会儿去围观**银河之战**。

科幻片可以探索人们想象中的世界,比如《星球大战》就讲述了与怪异的外星人、巨型机器人或变异机器人有关的虚构故事。

第一部科幻片

乔治·梅里爱于1902年拍摄的电影《月球旅行记》被认为是历史上第一部科幻片。影片中宇宙飞船击中月球眼睛的一幕十分经典,在电影史上留下了光辉的一笔。

未来的城市

未来人们会穿什么样的衣服？使用什么交通工具？住什么样的房子？请你大胆地想象一下未来城市的样子，然后把它画下来吧！

妖怪、外星人、机器人……所有你能想象到的**奇怪生物**在科幻片里都应有尽有。

奇幻片

你看的部分电影中是不是出现了**神奇的动物、魔法、特殊能力或超自然事件**？比如《哈利·波特》或《野兽冒险乐园》，这类影片就属于奇幻片。奇幻片中有一个分支——中世纪奇幻剧，这类故事里常常提到**骑士、利剑和城堡**，让人感觉好像是发生在中世纪的事情，但实际上却是一个虚构的时代。我们从**《指环王》**和**《伊拉龙》**系列的影片中可以发现，奇幻世界包罗万象，人类、精灵、矮人、妖怪、龙、神话动物等**各种生灵**被囊括其中。

平行世界

在奇幻片中，有时候，一件看起来平平无奇的物件，有可能就是通往平行世界的机关，比如《奇幻精灵历险记》中的机关是遗忘在阁楼上的一本落满灰尘的旧书，在《纳尼亚传奇》中则是一个衣橱。

奇幻片里的英雄

奇幻片的主角往往都是作出巨大贡献的英雄。片中的每个人都有可能被命运选中来完成这一使命，世界最终也将得到拯救。请你从下图中挑选出自己最喜欢的英雄，为他找到合适的装备，助他完成挑战。

选择你的英雄

魔法师☐　　斗士☐　　矮人☐　　精灵☐　　人类☐

挑选武器

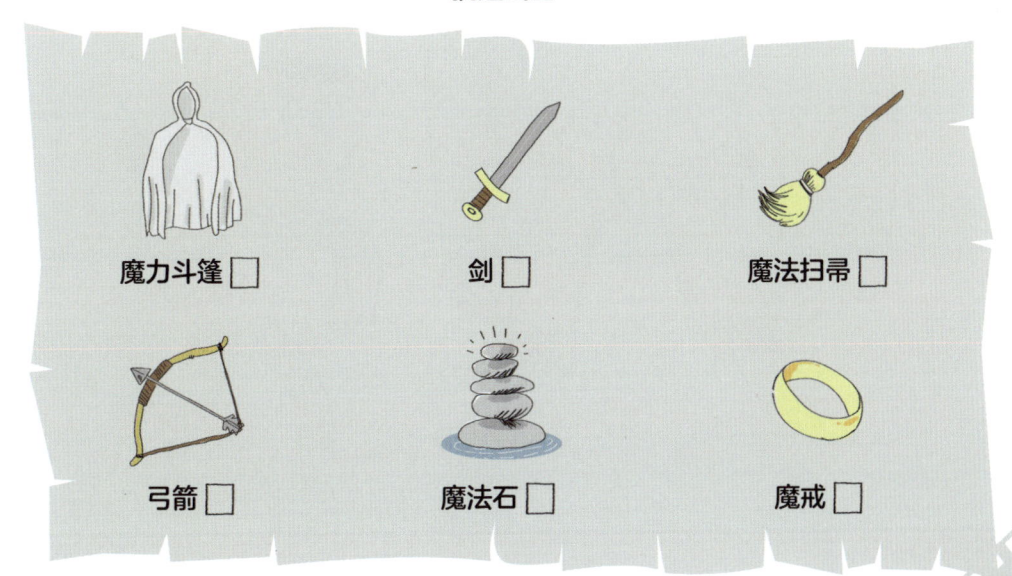

魔力斗篷☐　　剑☐　　魔法扫帚☐

弓箭☐　　魔法石☐　　魔戒☐

冒险片和动作片

扑朔迷离的**剧情**、未知的**地带**、**追击**、**搏斗**……这些都是冒险片和动作片中的常见元素。这类影片的故事背景、情节设定和人物角色多种多样。

丛林探险

《奇幻森林》中的小主人公在森林里遇到了各种各样的动物。不过，下面的图片中有两只动物并非来自这部电影，火眼金睛的你快把这两名"入侵者"找出来吧！

《奇幻森林》中的动物看起来都跟真的一样，其实它们都是用电脑设计出来的，只不过是模拟了真实动物的动作而已。

参考答案：4和9。

捕梦罐

电影《圆梦巨人》中,说话十分搞笑的吹梦巨人有一个非常美的差事:他会在小朋友睡觉的时候把好梦吹进小朋友的房间里。你也像电影的小主人公索菲一样,在大人的帮助下,动手做一个漂亮的捕梦罐吧!

步骤:

1. 从线团上剪下四段稍长一些的线绳。

2. 用线绳将彩珠串起来,做成魔法吊坠。

3. 串好后在线绳的两端各打一个结。

4. 让大人帮忙在瓶盖上钻四个孔,然后将吊坠穿过小孔悬挂在罐子里。

5. 在玻璃罐表面画上漂亮的图案作为装饰。

需要准备的材料：

玻璃罐　　　　　　　　玻璃颜料

彩色珠子或小贝壳　　　标签和纸

线绳

6. 把你的梦画成画或写在纸条上，放进玻璃罐，并盖上盖子。

7. 最后，不要忘记在罐子外面贴上标签，写上"这是……的梦"并填上你的名字！

专属于你的魔力捕梦罐就做好了！

喜剧片

在喜剧片里，主角身上往往带有**滑稽的色彩**，他们会经历各种**波折**，常常遇到**搞笑的情况**，不过问题和麻烦都会得到解决，最后皆大欢喜。**以动物为主角**的电影往往都是喜剧片，这些小动物也会随着影片的走红而成为超级明星！

电影《神犬也疯狂》中，主角金毛是一位身手不凡的篮球高手，这位狗狗演员因为这部片子一炮而红，创下了连续拍摄 13 部故事片的传奇纪录！

永远的朋友

　　有时候，演员因为和电影里的动物朝夕相处，拍摄结束后会非常舍不得它们。据说，影片《101斑点狗》杀青后，剧组里的工作人员收养了影片中所有的斑点狗！

歌舞片

在某些影片中，演员除了正常的表演外，还会**通过唱歌和跳舞的方式来向观众讲述故事**，这类片子就叫作歌舞片。这种源于戏剧的电影形式随着美国有声电影的出现而诞生，在当时的美国取得了轰动性的成功。《欢乐满人间》中所有扫烟囱的人在屋顶起舞的美好画面、《绿野仙踪》的主人公们在黄砖路上一路高歌的场景都是影史上无比经典的画面。

大得像村镇的片场

《美女与野兽》的故事发生在一座小镇上，为了拍摄真人版的歌舞片，工作人员搭建了一个巨大的片场，里面有女主角贝儿的家、学校、商店、酒馆、教堂、广场等，拍摄过程中用到了150多名群演、上百只动物和无数的道具！

魔幻奥兹国

在电影《绿野仙踪》中，桃乐丝、铁皮人、稻草人和狮子必须沿着黄砖路前往翡翠城。他们应该走哪条路线呢？沿途要当心巫婆和蝙蝠！

历史片

历史片讲述的要么是**发生在过去的真实事件**，要么虽然是**虚构的故事**，却将背景设定在具体的历史时期，而且从场景到服装都经过精心设计，最大程度地还原了历史，因而**具有极高的可信度**。这类片子的主题可以是战争、军事，也可以是人类的伟大成就、科学发现、太空之旅。

古装戏

如果一部电影所讲述的是过去的故事，但是并没有明确地指出年代，比起忠于历史事实，更注重丰富的想象力和惊心动魄的情节，那么我们就可以将它归入"古装戏"的类别。

荣耀之路

在以古罗马为故事背景的电影《角斗士》中，英勇无畏的主人公马克西姆斯将军不幸沦为角斗士，他必须战胜所有的斗士和野兽，才能得到生的机会。在下图的迷宫里，马克西姆斯要像在斗兽场里一样先打败所有的敌人，然后才能迎来最终的挑战……

动画片

1928 年，一位年轻的画家在剧院里放映了一部动画短片，短片的主人公是一只声音尖细的小老鼠。这部片子堪称完美，迅速赢得了观众的喜爱。这只小老鼠的名字叫**米老鼠**，它的创作者就是后来享誉世界的**华特·迪士尼**。

华特·迪士尼和他的合作伙伴们创办了著名的迪士尼公司，为世界各地的孩子**创作出了无数经典的动画角色**。

只有想不到，没有做不到！

除了迪士尼

每个国家都有自己的动画大师，比如拍摄《龙猫》的日本导演宫崎骏。

中国动画

于 1941 年上映的《铁扇公主》是中国第一部动画长片。

动画片是怎么做出来的

最开始的时候，动画片**完全是用手画出来的**，画家们需要**将动画人物的每一个动作分解成若干个画面**，然后用铅笔一张一张地画在纸上，每个动作都需要至少 12 幅图才能实现！随后，画家需要描出图案的轮廓，再进行上色。如今，有了电脑的帮助，动画制作过程中的某些步骤比原来快了很多，你可以想象一下，一个时长 5 分钟的动画短片，总共需要 2000~7000 幅图！

《幻想曲》是迪士尼公司在 1940 年拍摄的一部音乐动画片，整个系列共有 8 个段落，每个段落都精选了一首著名古典音乐作为配乐。影片刚面世的时候并没有获得很大的成功，但是如今却被认为是迪士尼出品的最优秀的动画影片之一。

三维动画

随着电脑技术的发展，三维动画（也叫 3D 动画）逐渐在市场上站稳了脚跟。使用这种技术制作出来的动画片，其人物、背景和建筑等元素的外形和质感都更加**立体**，更加**贴近现实**。

第一部完全采用电脑三维动画技术制作的影片《玩具总动员》，一经上映便获得了巨大的成功。随后，《虫虫危机》《怪物史莱克》《冰河世纪》《怪兽电力公司》等 3D 影片也陆续登上银幕，并且都获得了观众的高度评价！

300万根毛发

电影《怪兽电力公司》在制作时，3D 技术得到了进一步的发展，因此影片的呈现效果有了显著提升，尤其是覆盖在毛怪苏利文身上的那 300 万根毛发，看上去真实又生动！

人人都能当大厨

在电影《美食总动员》中，立志当大厨的老鼠小米通过一道名叫"普罗旺斯炖菜"的料理实现了自己的梦想。相信你一定也可以把这道菜做出来，向大家证明"人人都能当大厨"！记得要大人陪你一起做哦！

需要准备的材料：

黄西葫芦或黄彩椒	细茄子	橄榄油	平底不粘锅
绿西葫芦	番茄酱	迷迭香	
番茄	松子	黑胡椒适量	

烹饪步骤：

1. 将蔬菜清洗干净，切成薄薄的圆片。

2. 将番茄酱倒入锅中，使其均匀地铺满锅底。

3. 将各种蔬菜片间隔着摆到锅里，把整个锅底填满。

4. 在蔬菜片上刷一些橄榄油，撒少许盐和黑胡椒，然后放入松子和迷迭香，盖上锅盖，中火焖煮35~40分钟。美味的"普罗旺斯炖菜"就可以上桌了！

用餐愉快！

定格动画

定格动画是一种特殊的动画技术。制作定格动画的方法是**给无生命的物体拍摄一连串的照片**，每张照片之间将拍摄对象作**连续的微小移动**，最后将这些照片快速地连续播放出来。这个过程既漫长又费力，因为制作 1 **秒钟的动画**，需要拍摄 20 **张**以上的照片，而制作一部完整的电影，需要花费数年的时间！我们运用定格动画技术，可以为黏土人偶制作动画片，比如《超级无敌掌门狗：人兔的诅咒》和《小鸡快跑》；也有电影会把木偶和玩具做成动画搬上大银幕。

不断适应新时代的老技术

定格动画并不是一种新技术，它实际上是和电影一起诞生的。20 世纪初，乔治·梅里爱就已经在使用这种技术了。1933 年拍摄的电影《金刚》中也用到了定格动画！

定格动画小实验

近些年来，用儿童玩具拍摄成的定格动画短片获得了前所未有的成功。这种技术确实非常有趣，你也来玩玩看吧！

1. 挑选一件你喜欢的玩具作为动画片的主角。

2. 让它走几步路，用照相机拍摄下所有的动作。

3. 让大人帮忙用电脑把拍下来的照片按顺序排列。

4. 快速翻动这些照片，你会发现你的主角动了起来，好像真的在走路一样！

其他类型的电影

悲剧片

悲剧片指的是主人公历经**重重磨难**，最后却面临**悲惨结局**的电影。虽然主人公的命运是悲惨的，但是正义、友爱等价值观却依然会获得胜利。

恐怖片

恐怖片指的是那些用**恐怖的场景、猝不及防的镜头、可怕的怪物**和其他令人毛骨悚然的角色来吓唬观众的电影。

纪录片

这类电影所讲述的**事件、人物和环境**都不是虚构的，而是真实存在的。它可以是教育性质的，也可以起宣传科普作用，使公众对某些主题有所了解。

惊悚片

这类影片专注于制造**悬念**、营造**紧张感**，让观众的心一直悬着。

惊悚片的节奏很快，情节曲折。

喜剧片

这类电影中演员的任务就是插科打诨，**逗笑观众**。一般来说，喜剧片的故事都比较轻松，结局也是**皆大欢喜**。

现在你已经是电影类型专家啦，不过要记得，各类电影之间的界限通常并不是那么清晰，一部电影可能同时具有好几种类型的特征！

奇趣彩蛋

在电影《亚瑟和他的迷你王国》中，小亚瑟在寻找宝藏时意外发现了生活在花园下面的迷你人，后来自己也变成了他们中的一员。你可以留意一下电影结束后屏幕上的演职员表，里面的最后一个人名就是**导演的名字**。

《亲爱的，我把孩子缩小了》中**片头的字幕**全都是用动画做成的，几乎是一部迷你的动画短片！

《彼得的龙》是在新西兰最茂密的森林中拍摄的。导演想把**艾略特**塑造成一条又大又壮又甜美可爱的龙，它有着一身**柔软的毛皮**，让所有孩子看到它都想抱一抱！

电影里的穿帮镜头

在电影拍摄过程中，导演和工作人员难免有所疏漏，因此电影中就出现了一些穿帮镜头，比如技术人员进入了取景框；连续的两帧画面中某个物体"自行"改变了位置；片子中出现了不合时宜的物件或者不合逻辑的动作……下面我们就来盘点一些经典影片中的穿帮镜头！

《驯龙高手》

为了和巨龙交朋友，希卡普给巨龙带来了一篮鱼，但是当巨龙起飞的时候，**篮子却不见了**。

《哈利·波特与密室》

哈利和马尔福两个人在对决时，当斯内普教授拉起刚刚摔倒的马尔福时，人群当中出现了一名**片场的摄影师**。

《星球大战：原力觉醒》

在影片快结束时，当楚巴卡驾驶着"千年隼"号起飞时，有那么几秒钟我们可以看到**机器人仍在地面上（画面右侧）**。但是不久之后，这个机器人又出现在"千年隼"号舱里，朝卢克·天行者的星球飞去。

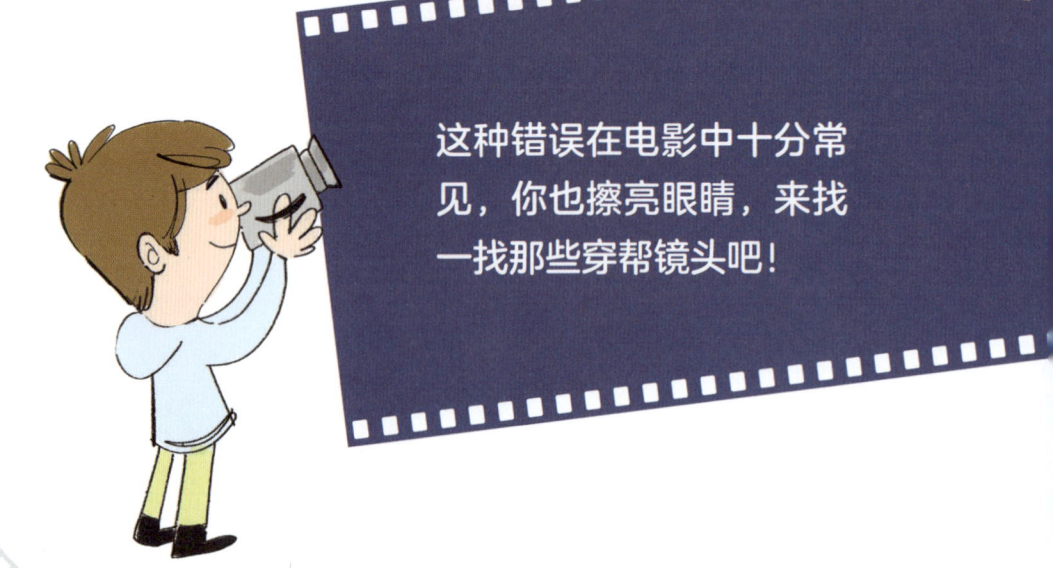

这种错误在电影中十分常见，你也擦亮眼睛，来找一找那些穿帮镜头吧！

金刚

《金刚》1933年

楚巴卡

《星球大战》1977年

龙猫

《龙猫》1988年

爱丽儿

《小美人鱼》1989年

胡迪
《玩具总动员》1995年

萨利和迈克
《怪兽电力公司》2001年

咕噜
《指环王》2001年

亚瑟
《亚瑟和他的迷你王国》2006年

去挑战！少年科学任务

人类居所探秘

［意］安东内拉·安东内利　［意］劳拉·洛卡特利　著
［意］西莫内·雷　绘
杨苏华　译

科学普及出版社
·北京·

图书在版编目（CIP）数据

去挑战！少年科学任务. 人类居所探秘 /（意）安东内拉·安东内利，（意）劳拉·洛卡特利著；（意）西莫内·雷绘；杨苏华译. -- 北京：科学普及出版社，2024.3
 ISBN 978-7-110-10693-8

Ⅰ.①去… Ⅱ.①安… ②劳… ③西… ④杨… Ⅲ.①科学知识–少年读物②住宅–建筑史–世界–少年读物 Ⅳ.① Z228.1 ② TU-091

中国国家版本馆 CIP 数据核字(2024) 第 047902 号

著作权合同登记号：01-2023-1611

Missione Casa
"First published in Italy in 2013 by Franco Cosimo Panini Editore S.p.A
Original title: Missione Casa © Franco Cosimo Panini Editore S.p.A
Text by Antonella Antonelli, Laura Locatelli
Illustrations by Simone Rea"
The simplified Chinese translation rights arranged through Rightol Media（本书中文简体版权经由锐拓传媒旗下小锐取得 Email:copyright @ rightol.com）

踏上激动人心的新旅程

从远古到现代，聪明的人类建造了各式各样的房子。在本次的探险之旅中，我们一起去看看这些令人惊叹的人类居所吧。

在本次旅程中，你将有机会去探索古老的洞穴、瑰丽的城堡、壮观的大厦，还有许多形态各异的房子，它们有的闻名世界，有的却鲜为人知。走近这些奇妙的房子，你将会领略到它们的独特、有趣和神秘。

接受充满挑战的任务

　　作为本次探险任务的主角,你将在旅程中参与室内或户外的各种小游戏;烹饪美味的食物;完成需要手脑并用的小制作和小实验……挑战不止,乐趣无穷!

导航图标

如果某项任务旁边出现了这个标志,表示你需要在成年人的协助下完成这项任务。

这些箭头会提示你任务的类型,告诉你在完成此项任务时需要做些什么。

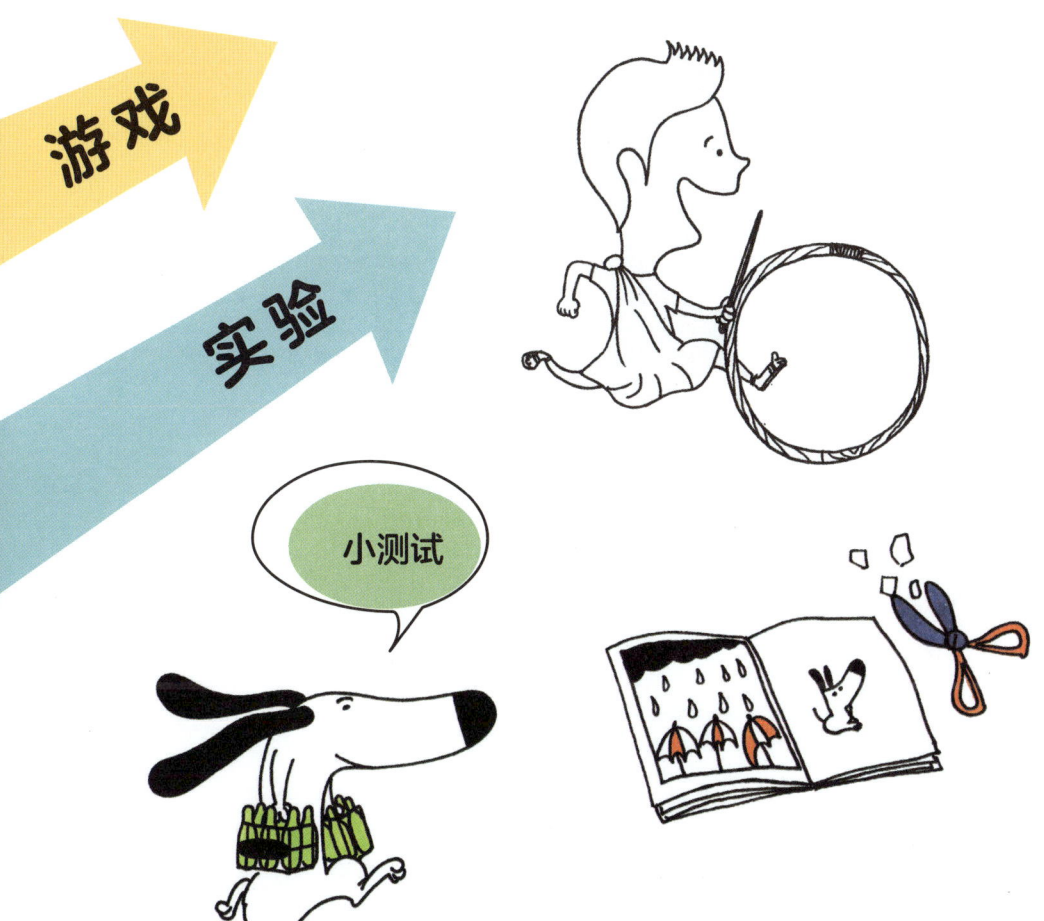

游戏

实验

小测试

目录

古代人类的家   1
  洞穴   2
  茅草屋   6
  水上吊脚楼   10
  村庄   14
  古罗马人的豪宅   16
  古罗马人的公寓   20
  城堡   24
  修道院   28
  塔楼   32
  别墅   36
  城市里的宫殿   40

现代人类的家   47
  摩天大楼   48
  山里的房子   52
  牧民的家   56

海边的房子	58
灯塔	62
农场	66
水磨坊	70
车轮上的房子	72

不同寻常的房子   79
艺术家的房子	80
古怪的房子	84
脑洞大开的房子	88

探索自己的家   95
以前的家	96
现在的家	98
未来的家	110

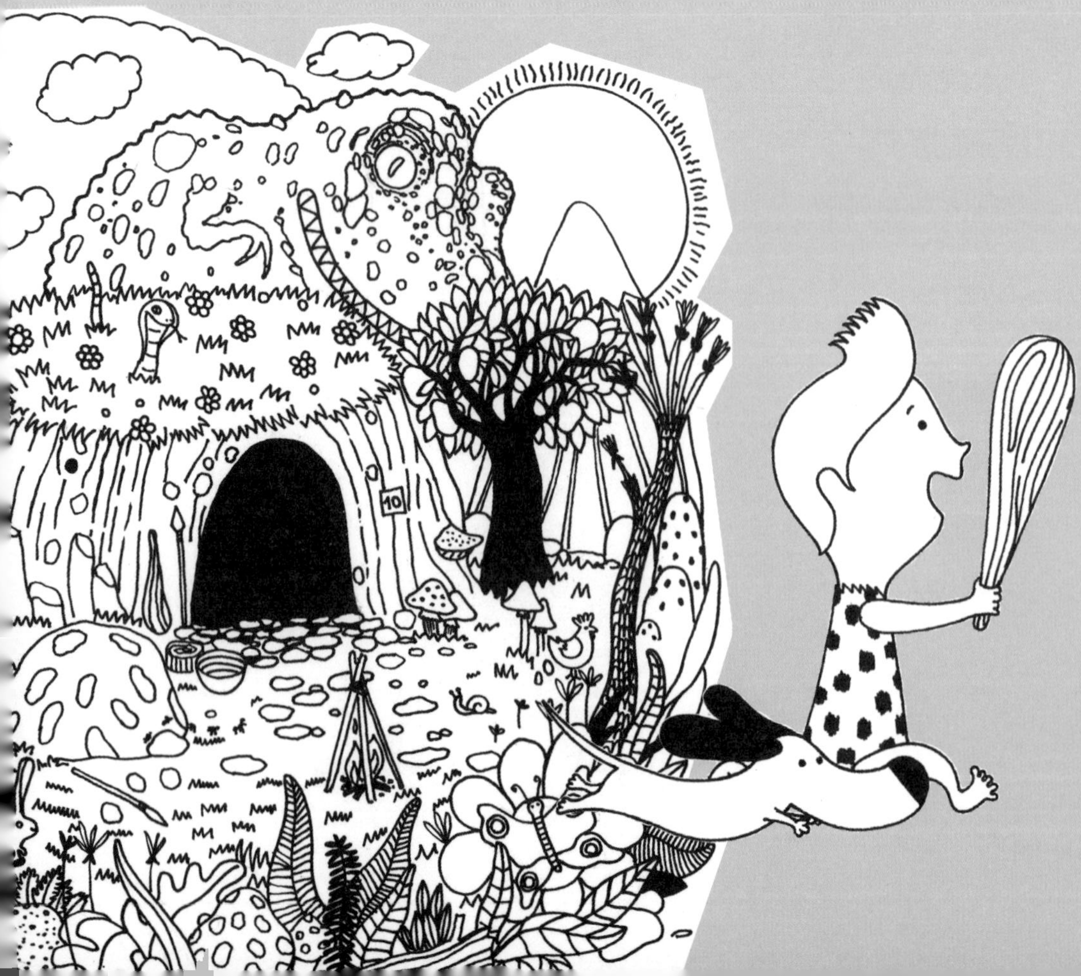
10

古代人类的家

穿越历史，探索古代的房屋

家是我们的庇护所，为我们遮蔽严寒和酷暑、烈日和雨雪。家让我们感到安心。在家里，我们可以不受外部世界的干扰，与家人共度美好的时光。

和其他动物一样，人类如果没有家，也将无法生存。因此，很久以前，我们的祖先就开始了建造家园的历程。

在本书中，你将会看到，从史前的简陋洞穴到现代大都市里的摩天大楼，人类的居所随着时间的推移发生了翻天覆地的变化！

想知道古代的生活是什么样的吗？赶快通过这段不可思议的旅程来了解一下吧！

洞穴

　　你知道人类最早居住的房子是什么样的吗？答案很简单：是洞穴！虽然洞穴里又黑又冷，但它至少是人类可以找到的现成的藏身之处。不过，这种"房子"有一个致命的缺点：没有门，这就意味着其他人甚至是野兽都可以轻易地闯入。那怎么办呢？我们的祖先擅长就地取材，他们把大石头或树枝堆在洞口，然后再将动物的皮毛覆盖在上面，这样就能挡住洞口了。

神奇的叶子

原始人常常在洞穴的岩壁上画画，他们所使用的颜料来自煤块、土壤、浆果和树叶。听起来是不是很不可思议？试试下面的小实验，你一定会大吃一惊的！

1. 取一片蕨类植物的叶子，仔细观察，你会发现叶片的一侧有一些黑色的小斑点；让带斑点的一面朝下，将叶片平铺在一张白纸上。

2. 在叶片上再盖一张白纸，然后在纸上压上重物。

3. 两天后，拿开重物，揭开上层的白纸，神奇的一幕出现了：叶片的形状清晰地印在了下方的白纸上。

用放大镜生火

在大人的操作下，你来了解下用放大镜生火的方法吧。这虽然不是原始人采用的生火方式，但也是一种非常古老的方法。

1. 你们可以带一张报纸和一个放大镜到室外。

2. 背对太阳，将放大镜握在手里，放大镜与报纸保持大约一个手掌的距离；使阳光透过放大镜在纸上形成一个小小的光点。

3. 保持放大镜不动，耐心地等待一会儿。当看到光点所在的位置冒烟时，你让大人开始吹气，报纸上立刻就会蹿起火苗！

实验

神奇的火

很久以前，人类对火十分畏惧。这也不难理解，你可以想象一下由闪电所引发的火灾有多么可怕。后来的一天，有人把硬木棒对着木头摩擦，突然木头中间迸出了火花！于是，人类知道了钻木生火，火也就此改变了人类的生活。

你有"火眼金睛"吗

仔细观察下面的图片，然后回答问题。

1. 洞穴附近暗藏着哪些危险？
2. 你在哪里能找到自卫的武器？
3. 你在哪里能找到食物？

参考答案：1. 蟒蛇和豹子；2. 洞口及尖尖的石头；3. 树上的苹果、小动物（如果你能找到它们的话）和蘑菇（可以视情况食用，因为有些蘑菇是有毒的）。

茅草屋

我们的祖先很快就学会了动手搭建房屋，总能就地取材，树枝、树皮、树叶、淤泥都被当作建筑材料。于是，最早的茅草屋诞生了。一开始的时候，这些小屋是圆形的，而且非常简陋，因为那时候人们经常频繁地"搬家"，简易的茅草屋可以很方便地拆掉。后来，人们不再像之前一样居无定所，所以建造的房屋也越来越复杂，圆形的茅草屋逐渐演变成了方形，搭建房屋的材料种类也更加丰富起来，包括树干、树枝和骨头等。人们搭好以后还会在屋顶覆盖上动物的皮毛。

巧手搭"梯子"

你的编织技术如何？快来挑战一下用棉签编"梯子"吧！如果挑战成功，说明你在古时候一定是个技艺高超的人！

1 取三根棉签，按照图中方式摆放在一个平面上，并分别编号1、2和3。

2 再加一根棉签，编号为4。

3 将四根棉签整体抬起，插入棉签5和6。

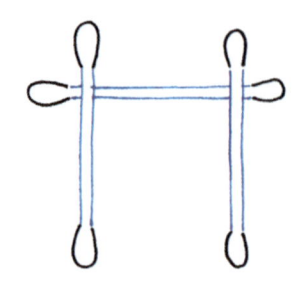

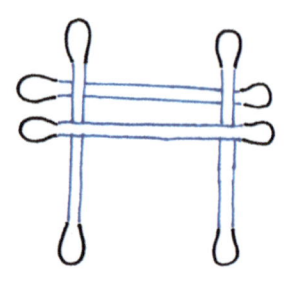

4 在5号和6号棉签上方搭上一根棉签，编号为7，下方也搭上一根，编号为8。

5 再将上述结构抬起，从上端插入两根棉签（编号9和10）。以此类推……

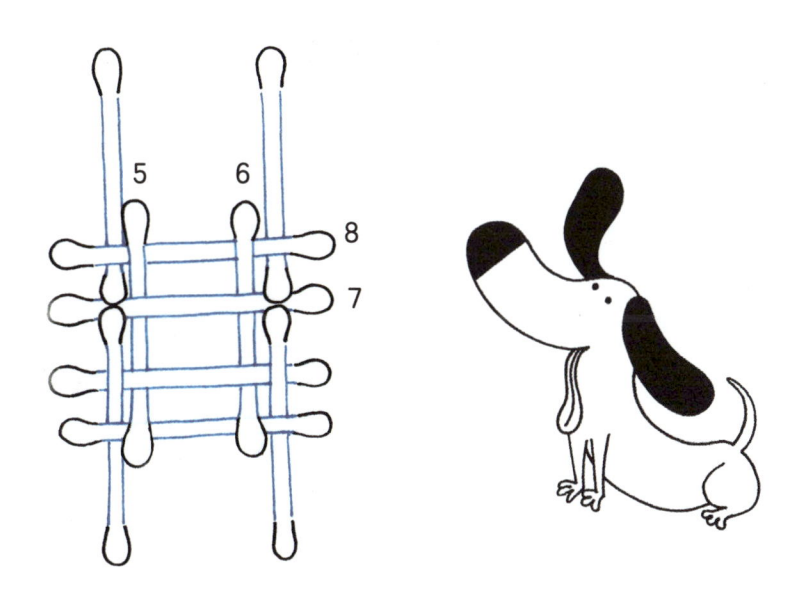

空中菜园

人类很早就学会了播种和收获，让种子生根发芽并不是一件困难的事情，你也来感受一下播种的喜悦吧！

1. 准备一块天然海绵，然后用一根线把它绑起来。

2. 找妈妈要一些种子（比如扁豆、大麦、亚麻、小米、苜蓿或者苹果种子），然后将它们塞进海绵的洞里。

3. 将海绵悬挂在阳台上或院子里，每天向海绵喷洒少量的水，保持海绵湿润。耐心等待几个星期，看看会有怎样的惊喜吧！

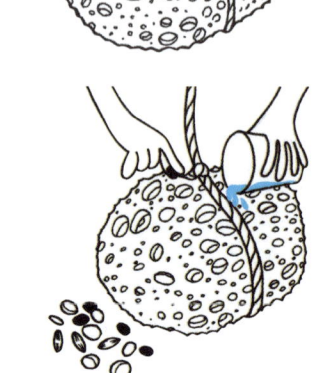

实验

吃什么饭

在远古时代，小朋友不会懒洋洋地坐在桌前向妈妈问吃什么饭，他们必须自己行动，到外面去采集可以吃的果实。

你知道下面这些果实里藏着什么美味的食物吗？

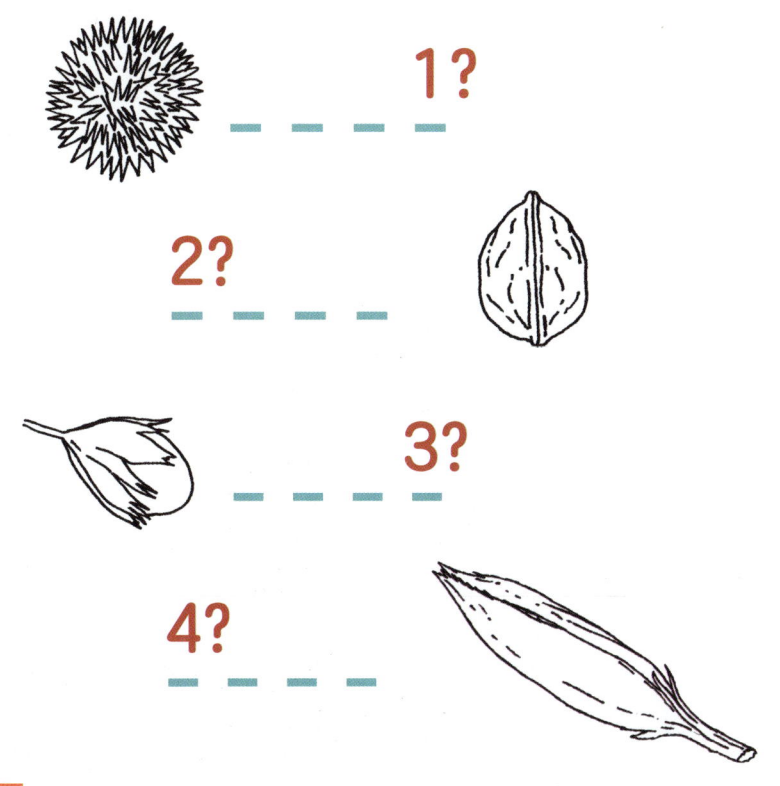

1 ?

2 ?

3 ?

4 ?

私人财产

人类逐渐习惯了在固定的居所里生活、吃饭、睡觉，房子坏了会加以修缮，于是他们拥有了真正意义上的"家"，并开始将在外面搜集到的物品带回家保管，把它们变成"自己的"。"财产"的概念就这样诞生了，人们会保护自己的财产，并将其留给自己的子女。

参考答案：1.栗子；2.核桃仁；3.瓜子；4.玉米。

水上吊脚楼

为了躲避猛兽和敌人的追击,人类想到了在水上建造住宅的好主意。他们将一根根结实的木桩插入河里或湖里,然后把木板架在木桩上,铺设成"地面",最后在"地面"上搭建出茅草屋,这就是水上吊脚楼。白天,人们可以坐在家门口钓鱼;到了夜里,他们收起连接房子和陆地的便桥,就可以回去安心睡觉了!这个主意真是太棒了,不是吗?

你的专属木筏

有一天，人类发现木头能漂浮在水面上，于是他们将木头制成了独木舟。此外，他们还学会了把木材捆扎在一起，制作成小木筏。你也来动手制作属于自己的木筏吧！

1. 准备几根长度相等的小木棒或木制铅笔。

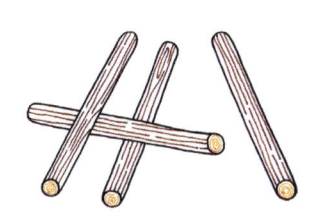

2. 找一些棉绳。

3. 按照图中所示的方法将小木棒绑在一起，做成木筏。

4. 木筏做好以后，你需要做个实验检验一下：你可以在浴缸或洗衣盆里放上水，然后将木筏放进去，如果它能漂浮在水面上，那么恭喜你，大功告成了！

史前生活知多少

你能否适应史前生活呢？回答下列问题，选的"是"越多，说明你越能适应史前生活哟！

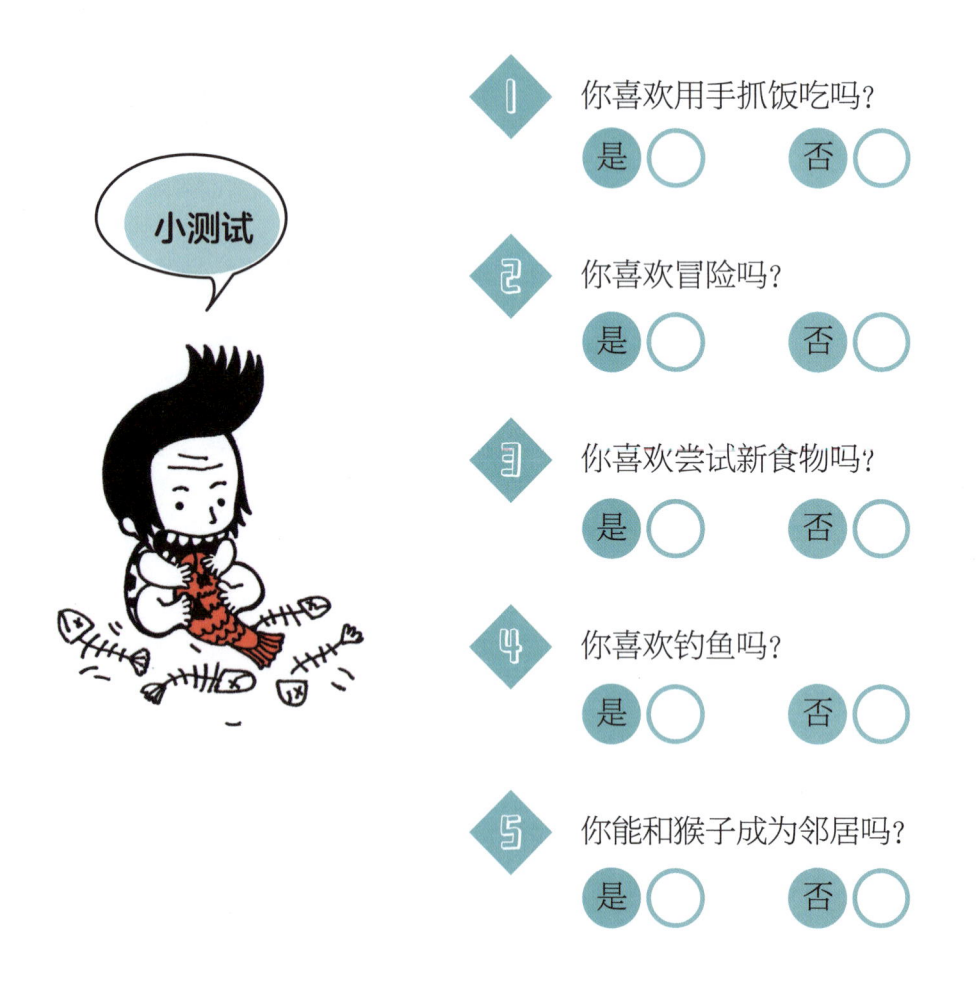

小测试

1. 你喜欢用手抓饭吃吗？
   是 ○   否 ○

2. 你喜欢冒险吗？
   是 ○   否 ○

3. 你喜欢尝试新食物吗？
   是 ○   否 ○

4. 你喜欢钓鱼吗？
   是 ○   否 ○

5. 你能和猴子成为邻居吗？
   是 ○   否 ○

"生根"的房子

自从开始耕种和圈养动物，人类就越来越倾向于长期生活在一个固定的地方。于是，他们把房子和围栏建造得越来越结实，而不是像以前一样住在简易的帐篷和茅草屋里，随时准备搬迁。

巧手小制作：百变黏土

河边或湖边常常有一些浓稠的泥巴，那可能就是黏土。黏土是一种非常适合用来塑形的材料。从史前时期开始，人们就用它来制作瓶瓶罐罐等器皿了。

你也撸起袖子，用神奇的黏土制作一个器物吧！

1. 准备一些黏土，如图所示，搓成两个长条。

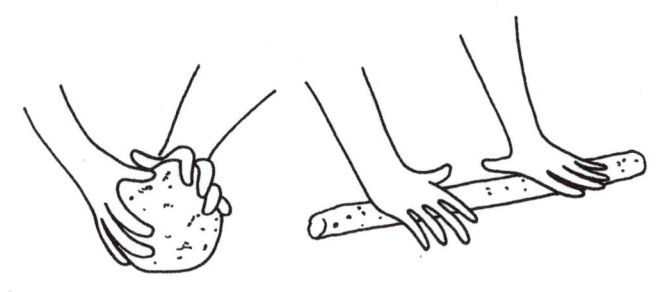

2. 将每根长条首尾相接，捏成两个环形，然后叠放在一起。

3. 塑造出器物的形状，然后用手把表面抹平。现在只需要等它晾干就大功告成了！

村庄

最早的一批村庄大都诞生在靠近大海、河流和湖泊的地方，因为人们的生活离不开水。于是，大量的吊脚楼聚集在一起，木制的地面平台连成一片。

由于居住在一起的家庭越来越多，人们开始分工合作，这便产生了最早的职业。

要羊羔还是要霸王龙

村落形成以后，人们开始大量地饲养动物、种植农作物；山羊和绵羊等动物开始大量繁殖；大麦和小麦等植物也开始大片地出现。饲养羊羔可比饲养霸王龙好得多，不是吗？

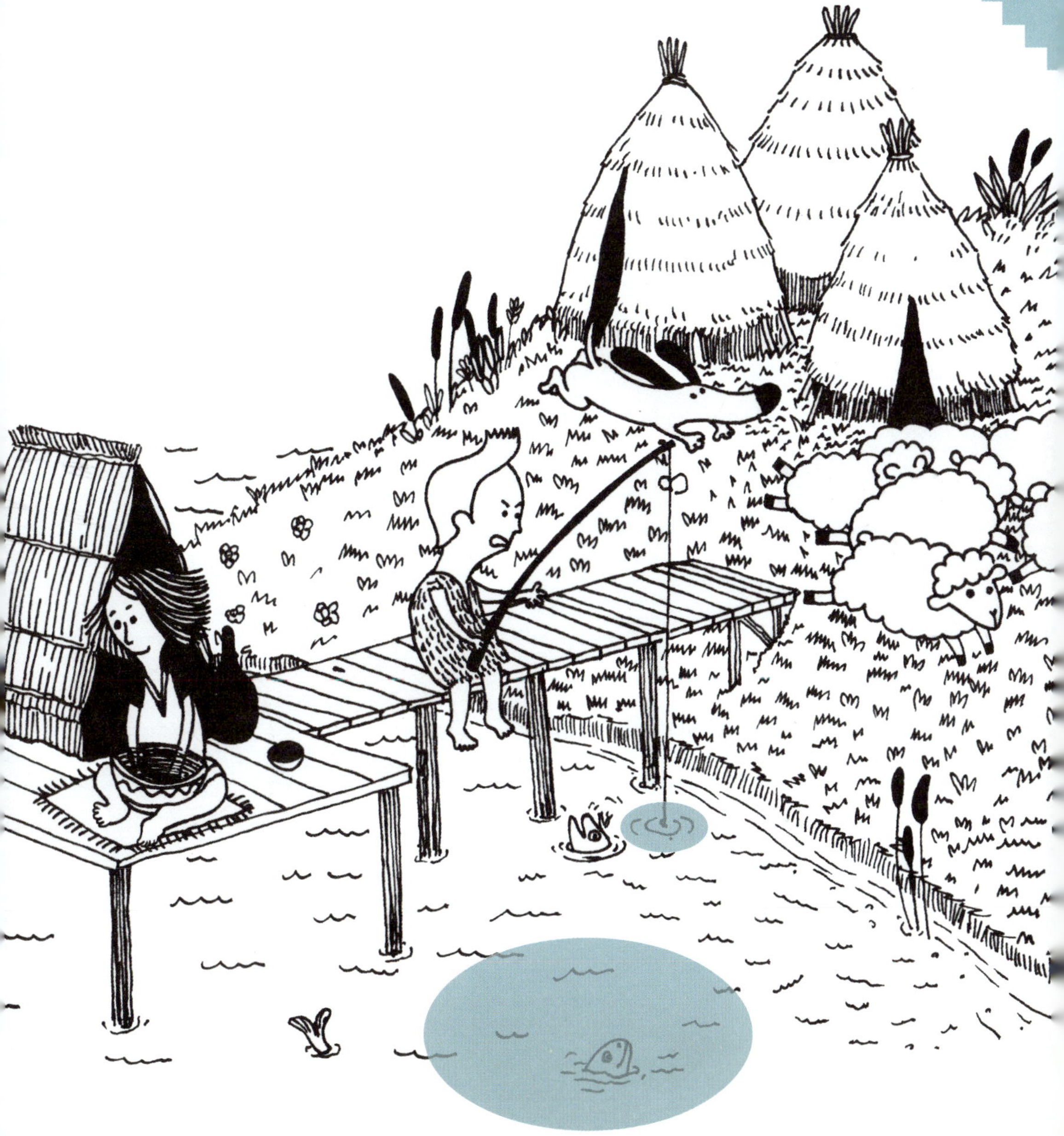

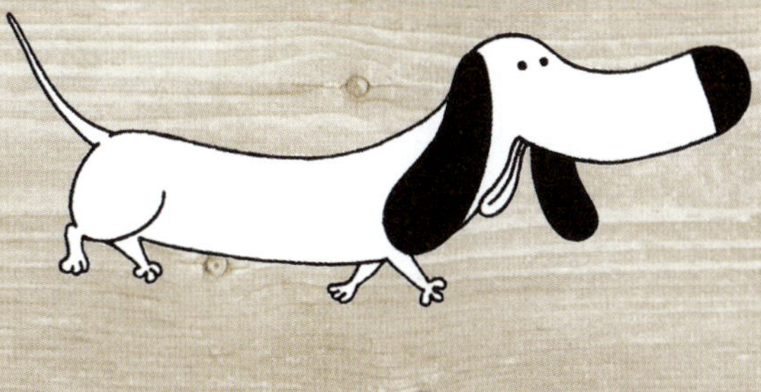

古罗马人的豪宅

你知道古罗马的富人居住在什么样的房子里吗？富豪们的住宅宽敞又气派，一般只有一层，由前厅、客厅、餐厅、卧室、书房和花园构成，其中前厅设计尤为精美，常用大理石和壁画装饰。住宅的正面朝向大街，为了防止不速之客突然造访，外墙上几乎没有窗户也没有阳台。不过豪宅的通风还是没问题的，因为上面会设计一些小的缝隙。

庞贝古城：它被联合国教科文组织定为世界文化和自然遗产。公元79年，沉睡的维苏威火山突然爆发，一夜之间，滚烫的岩浆瞬间将庞贝城吞噬，庞贝城从此消失了。

现在的庞贝古城已然成了一座珍贵的"露天博物馆"，人们穿梭在古老的街道，欣赏着这生动的古罗马生活画卷。

种子马赛克

古罗马人的房子里有非常多的马赛克装饰，你也来动手做一做吧！首先，你需要准备一些种子，比如小扁豆、芸豆、杏仁、鹰嘴豆、小麦……还需要准备好胶水和画纸。

1. 在纸上画一个漂亮的图案。

2. 在需要涂色的部分均匀地涂一层胶水，然后挑选喜欢的种子放在胶水上。如果用小镊子来操作最好，这样会更精确。

3. 粘完种子后，耐心等待胶水变干。哇，多漂亮的一幅马赛克画啊！

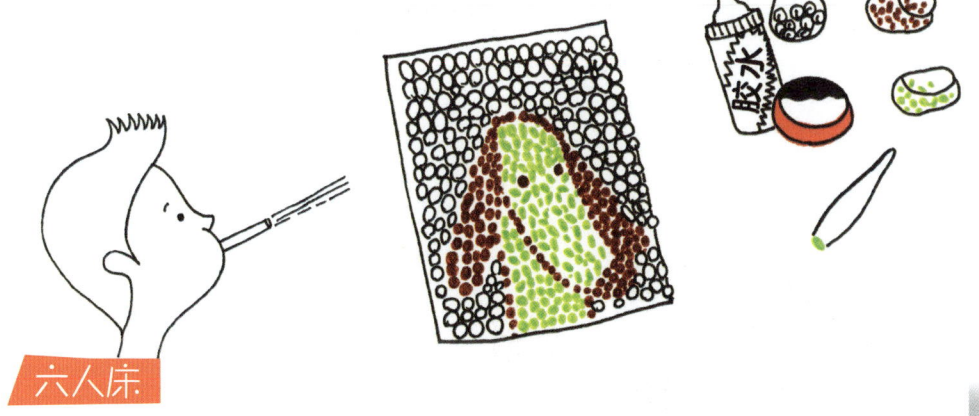

六人床

对古罗马人来说，床的作用极其重要。他们不仅在床上睡觉，还在床上吃饭、写字和会客。那时候有单人床、双人床、餐厅里用的三人床，甚至还有能容纳六个人的床！

制作天然颜料

古罗马人绘制壁画用的颜料并不一定是现成的油彩，他们会利用所能找到的材料，自己制作颜料。听起来是不是很有趣？你也来试试吧！

你需要准备的材料有杯子、花瓣、水、纱布、漏斗、滴管、小苏打、柠檬、小碗和研杵。

❶ 将花瓣放入小碗中，加入一小杯水，用研杵不断地研磨，直到清水变得有颜色。

2 用漏斗和纱布将水滤出，并分别装在三个杯子里。

3 用滴管在第一只杯子里加入几滴小苏打（事先将小苏打溶解在水中），观察颜色有什么变化。在第二只杯子里加入几滴柠檬汁。第三只杯子保持不变。

4 通过调整加入的小苏打或柠檬汁的量，可以得到深浅不同的颜料。现在请用自己制作的颜料来画一幅水彩画吧！

古罗马人的公寓

我们已经知道,古罗马的富人住的是豪宅,而住不起豪宅的古罗马人则会在公寓楼里购买一套房子。所谓的公寓楼,指的是一种能更好地利用空间的多层建筑。

一般来说,公寓楼的底层都是商铺,二楼是比较豪华的套房,再往上则是简单的公寓。有的公寓甚至有十几层楼,这在当时已经是了不起的"摩天大楼"了!

区别在哪里

古罗马的房屋内部，家具都很少，一般就只有床、几把椅子、一张桌子和几个用来盛放衣物的储物箱。东西虽少，可是古罗马人的房间却很多。

请仔细观察下面的住宅平面图，你觉得它与我们今天的房子有什么区别？里面缺少哪些功能性的布局？

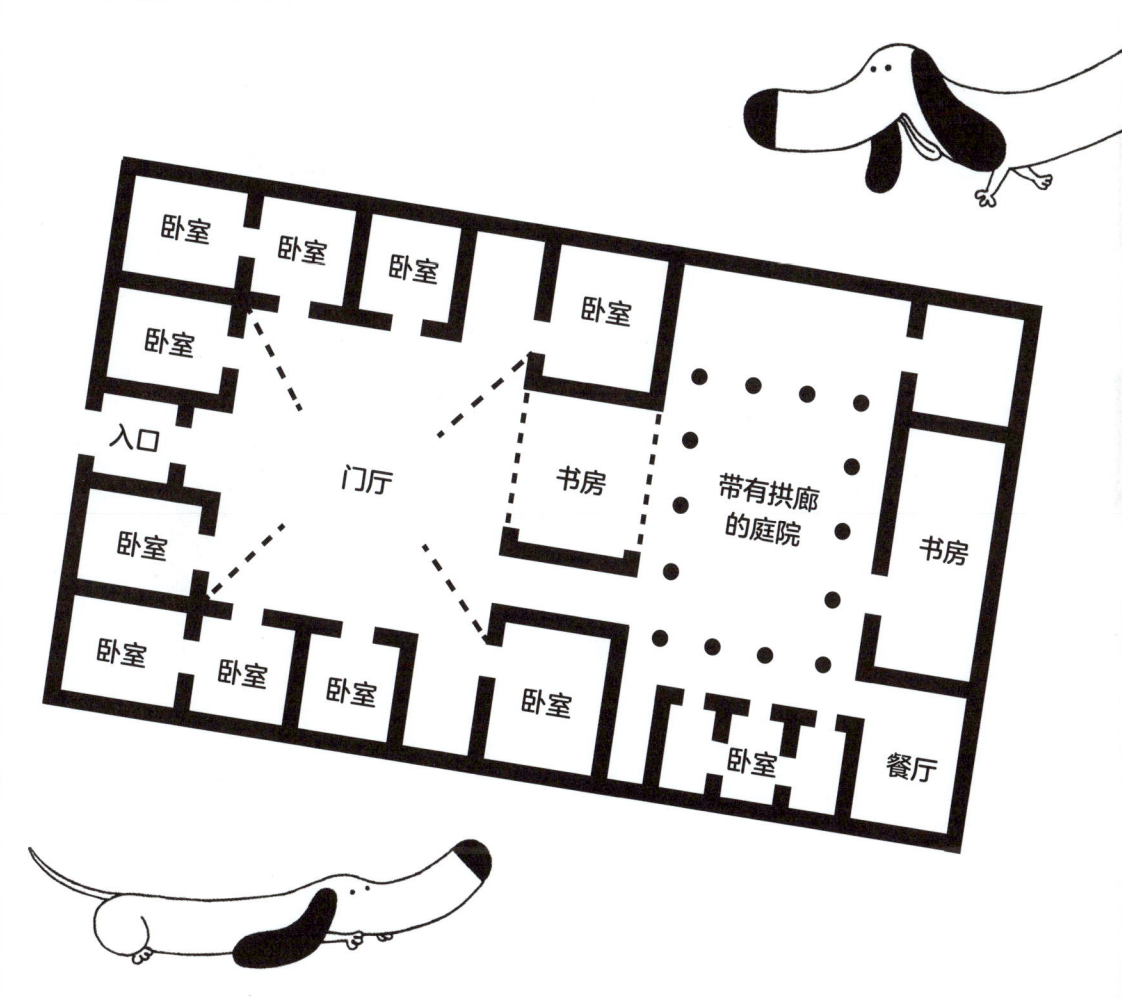

参考答案：根本图上的注解，这套居所里有几乎全是卧室和庭院，没有厨房和卫生间。

我会接水管

古罗马人是如何输送水的呢？动手做完下面的实验你就明白了！

1. 准备两根有一头可以弯曲的塑料吸管。

2. 将两根吸管首尾相接，把装在下面的一根弯成直角，使两根吸管组成一个"L"形。

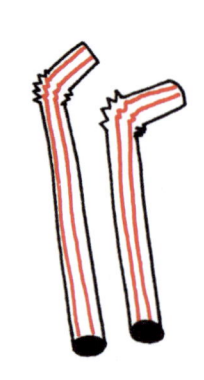

3. 把自来水管稍稍拧开，将"L"形吸管竖直的一端对准细细的水流。你会发现，水会从吸管水平的一端流出来。

没有水，更没有暖气

在过去，公寓里的水和暖气只能输送到二楼，而且窗上装的不是玻璃，而是帘子或木条，因此二楼以上的房间又阴又冷。更糟糕的是，为了防止火灾，房间里面是禁止用火的，所以要想吃上一顿热乎乎的饭，还得下楼去小酒馆里才行。

庭院里的小游戏

　　一般来说，古罗马公寓的中央都有一个庭院，也就是建筑学中所说的中庭，孩子们会在这里玩球、荡秋千、转陀螺、放风筝，也会跟小伙伴们一起做游戏，比如捉迷藏、跳山羊、掷核桃、滚圆环。快邀请朋友们一起来玩一玩下面两个游戏吧！

游戏

掷核桃

　　这个游戏对人数没有要求，几个人都可以。游戏开始前，你们需要在地面上挖几个小洞。每位玩家要分到至少五个核桃。游戏的目标是把尽可能多的核桃投进小洞里，最后投中最多的人获胜。如果投进小洞的难度太大，可以在地上画一些比较大的圆圈来代替小洞。

滚圆环

　　准备一个大圆环和一根小棍子。游戏目标是沿着玩家们共同决定好的路线，滚着圆环往前跑。所有玩家可以一起出发，也可以每次出发一人。谁的圆环跌落在地谁就被淘汰。最先抵达终点的人获胜。

城堡

　　城堡是贵族们为了防止敌人抢夺他们的财富和土地而修建的房屋。城堡常常建在高处，这样才能俯视周围的道路，其四周往往被厚厚的城墙和护城河所环绕。意大利有非常多的城堡，你在此地旅行的时候如果环顾四周，肯定能看到几座！

品尝国王爱吃的美食

你知道查理大帝喜欢吃什么吗？他钟爱一种油饼，其原料和做法如下：

- 用少许面粉加水调成的面糊

- 打发好的蛋白

- 松子

- 块状的新鲜奶酪

烤盘里放油（以前用的是猪油），将上述所有原料混合搅拌后倒入烤盘。在大人的帮助下，将烤盘放入烤箱烤熟即可。

试着做一做，尝尝国王钟爱的美食是否符合你的口味！

我的利剑和盾牌

剑和盾是骑士必不可少的两样装备,你也来和身边的大人一起动手制作属于你的骑士装备吧!你可以把装蛋糕的纸盒和托盘拿过来用。

1. 将盒子展开,选择最长且不易弯折的一段作为宝剑的剑刃,确定好剑的长度,将它剪下。

2. 从纸盒上剪下一段长 10 厘米的纸板作为剑柄,用订书机将剑柄和剑刃垂直固定在一起。

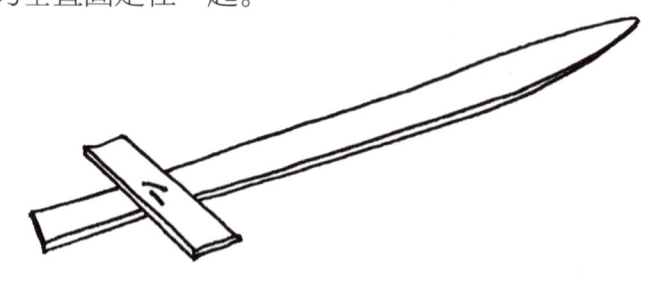

骑士的装备

在古代,不是所有人都可以做骑士的。只有最富有的家庭里的长子才有资格去做这件光荣的差事,这是因为骑士需要配备盔甲、马匹、剑、长矛及侍从,算下来这可是一笔不小的费用呢。

3 用胶带将一个把手形状的硬纸贴在纸盒背面,作为盾牌的把手。

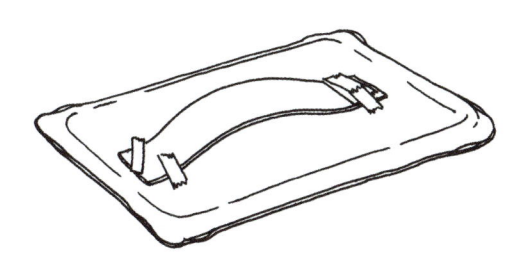

4 装饰下盾牌。你可以将喜欢的照片或图案贴在上面,也可以贴上自己姓名的首字母。好了,现在你可以勇敢地上"战场"了!

各种各样的城垛

　　城堡和钟楼最高处向外突出的部分叫作"城垛"。你稍加留意就会发现,城垛的形状并不是完全一样的,有的是平整的,有的则形如燕尾,即所谓的"燕尾式城垛"。你知道城垛有什么作用吗?它们可以保护士兵不被敌人的弓箭射中。

修道院

　　修道院指的是信徒们生活的地方，它常常紧邻教堂，四周有高高的围墙。一般来说，修道院会建在比较僻静的地方，比如树林深处或小河边。住在里面的修道士自己耕种，看书学习，生活自给自足，平日里靠自种的草药来制作药物。

制作藏书票

　　藏书票是什么呢？它是一种带有名字和图案的标签，一般会贴在书籍的第一页，作为自己藏书的标志。快来设计并制作一款属于你自己的藏书票吧！

1 画

在纸上画一个扑克牌大小的长方形。在长方形里写上"藏书票"三个字和你自己的名字，然后画一个你喜欢且能代表你的黑白简笔图案，可以是一只小动物或者某种物品。

2 印

让大人帮忙把这张纸多复印几份。

3 剪

将长方形的藏书票剪下，用胶水贴在你所喜欢的书上，这样大家看到后就知道这是你的书了！

简易芳香植物园

在过去，人们会在小菜园里种上几种最常用的芳香植物，用它们来制作草药和烈酒，有时还会将植物出售给周围的村民。

你也来做一个这样的小菜园，感受一下每种植物独特的芳香吧！

实验

1. 准备好花盆、土及多种芳香植物的种子，比如罗勒、鼠尾草、百里香、薄荷或欧芹。

2. 将土填入花盆，注意不要填满，然后把不同的种子分别种入不同的花盆中。

3. 将花盆放到阳光下。记得每天给植物浇水，尤其是在天气炎热的时候。然后，就看着它们慢慢长大吧！

玫瑰与糖的碰撞

在一本1880年的食谱中,人们发现了这份利古里亚修士记载的珍贵配方。机会难得,你也来试试看吧!记得叫上身边的大人一起制作哦!

* 玫瑰糖 *

1. 取一些香气迷人的红玫瑰花瓣并将它们切碎。

2. 将切碎后的玫瑰放入研钵中。

3. 把2~3个柠檬的汁挤入研钵中,然后研磨捣碎。

4. 将120克糖放入锅中,加入4勺水。

5. 待糖完全溶解后,加入25克捣碎的玫瑰花瓣,开火煮沸一分钟,然后静置冷却。

6. 香香的玫瑰糖出锅了!你可以把它装进密封罐里保存起来。

修道院和食谱

你知道吗,很多甜点和饼干的配方都是在修道院里诞生的!这些美食流行起来有两个原因:一方面是因为修道士们会拿出食品招待来修道院里的客人,所以来自五湖四海的人都有机会品尝到;另一方面是因为修道士是为数不多的会写字的人,因此他们的食谱更容易流传下来。

塔楼

看，这种房子多别致呀！塔楼的主人把住所修筑成这样，是为了更好地保护自己的财产。塔楼狭窄细长、壁垒森严，不过它最重要的特征还是高耸！因为塔楼越高，就表示它的主人权势越大。你可能会好奇，塔楼的里面是什么样子呢？一般来说，塔楼的地下是仓库，底楼是店铺，更高的楼层是主人的住所。塔楼里会有一个高高的木制楼梯，通往这些楼上的房间。塔楼的最顶端设有装备好的观测台，这样，人们远远地就能看到进犯的敌人。

塔楼里的生活

你能否适应塔楼里的生活呢？回答下列问题，然后去本页下方寻找答案吧！

小测试

1. 你讨厌爬楼梯吗？
   是 ○   否 ○

2. 冬天的时候，你在家里觉得冷吗？
   是 ○   否 ○

3. 你喜欢看电视吗？
   是 ○   否 ○

4. 你怕黑吗？
   是 ○   否 ○

5. 你平时会眩晕吗？
   是 ○   否 ○

测试结果：答案中有三个或三个以上的"否"的话，恭喜，非常好，你可以去塔楼里住了！答案中有三个或三个以上的"是"的话，抱歉，虽然你有这样的兴趣，可是塔楼里的生活对你们来说也许并不合适，再想想吧！

圆柱形的塔楼

最初的塔楼是四边形的，在塔楼的士兵可以朝四个方向瞄准射击；后来，人们决定增加边数，这样士兵瞄准射击的方向就可以相应地增加，于是边数越来越多，塔楼最后演变成了圆形。这样一来，在所有的方向士兵就都可以瞄准射击了。虽然圆形的塔楼建造难度更大，但是更坚固，也更有利于防御。

独一无二的棋具

在国际象棋中，棋子采用的都是当时的人物和建筑的形状，比如代表"车"的就是一个塔楼的形状。我们一起来制作一套独一无二的棋具吧！

1 准备32个软木塞、一些黑色和白色的硬纸板、黑色和白色的图钉，还有1个方形的纸盒盖子。材料备齐后，我们就可以开始动手制作了！

2 首先，我们需要在硬纸板上画出能代表每种棋子的图案，每支队伍需要的棋子如下：

1个国王（可以用大王冠来代表）

1个王后（可以用小王冠来代表）

2个象（可以用一个长矛来代表）

2个马（可以画一条马鬃来代表）

2个车（可以画一道城垛来代表）

8个兵（可以画一个盾牌来代表）

3 将图案剪下，然后用相同颜色的图钉将它们固定在软木塞上。

4 在方形盒盖上画出9条横线和9条竖线，每个方格边长至少为3厘米。现在我们来给棋盘上色，你需要每间隔一个方格就涂上一格黑色，最后使它变成经典的黑白棋盘。

5 把两个队伍的棋子分别摆在棋盘的两端，让大人帮忙讲解一下规则，然后就开始"战斗"吧！

别墅

16 世纪，一些城市里的人开始跑去乡下修建漂亮的别墅。这些别墅采用古典风格，跟古罗马的别墅类似，有着挺拔的柱子、宽大的台阶，还有内院和精心打理的花园。人们热衷于带着家人搬到乡下的别墅，去近距离接触大自然，感受乡村的静谧。

有趣的迷宫

在一些古老的乡间别墅里，我们仍然可以看到用篱笆做成的迷宫，这对于到访的客人来说乐趣无穷。赶快开动脑筋，逃离下面的迷宫吧！

将下图中的**黑点**按照数字顺序连接起来，你能看到什么图案？

西洋穴怪图

西洋穴怪图指的是画家们在别墅墙壁上绘制的造型奇异的人物或花卉，这些图案都是仿照古罗马著名皇帝尼禄家里的壁画绘制的。由于尼禄的住宅被深埋在地下，画家们要想看到墙壁上的绘画，必须得钻到一个类似地下洞穴的地方，因此这些奇特的壁画图案被称为"西洋穴怪图"。

错觉与陷阱

视错觉，特指一种作画技巧。画家在墙上画出非常逼真的图案，以至于让大家误以为这就是真的。在一些古老的别墅里，我们经常能看到用这种技法绘制在墙壁上的窗户、门、雕像或者风景。你也来设计一下吧！

1. 在带有插图的杂志中选一张细节丰富的照片，把它剪下来。

2. 另外再找一个图案，图案的尺寸必须比照片小。

3. 将选中的图案剪下来，贴在照片上恰当的位置，让人一眼看不出来这个图案是后来贴上去的。

4. 把照片展示给朋友看，对方有没有发现照片里面有一个不合时宜的细节呢？

城市里的宫殿

到了 18 世纪，城市变得越来越大，人口也越来越密集，这时的人们仿照古罗马和古希腊的古典别墅风格在城市中心建造起一幢幢宏伟的建筑。

这些建筑的立柱典雅，线条简洁硬朗，外观庄严雄伟，这正是新古典主义风格的特征。在这之前的巴洛克风格以繁复的曲线、精美华丽的装饰著称，与新古典主义风格形成了鲜明的对比。

浮雕

古建筑的内部和外部常常都有浮雕装饰。

你也来动手完成一个浮雕作品吧，需要用到的材料包括水彩纸（这种纸有点厚度，而且表面不光滑）、厚纸板、小木棒、铅笔和牙签。

1. 用铅笔在水彩纸上画一个简单的图案，稍微画得大一些，不要涂颜色。

2. 把水彩纸放到厚纸板上，将图案的线条再描一遍。粗些的线条可以用小木棒来描，细的线条可以用牙签来描，描的时候可以稍微用点力。

3. 将水彩纸反过来，瞧，你的图案已经变成"浮雕"突显了出来。你可以用水彩涂上颜色，也可以用铅笔轻扫，将它涂成黑白色。

名人效应

不知道为什么，名人似乎总能引领风潮。不论是衣服、家具、房子、珠宝，还是绘画作品，一旦得到某个重要人物的青睐，同样风格的东西就会立刻风靡各地。在古代，有这种影响力的是国王和王子，现在的名人也有这样的效应。

艺术风格鉴别师

和房屋的外观一样，室内的装饰风格也会"赶时髦"！你能分辨出下图中的椅子属于什么风格吗？

温馨提示：三把椅子中有一把是巴洛克风格，一把是现代风格，还有一把是新古典主义风格。

参考答案：1. 新古典主义风格的椅子；2. 巴洛克风格的椅子；3. 现代风格的椅子。

闪耀的相框

我们一起来动手做几个闪闪发光的相框吧！它能使你的照片看起来无比闪耀！

1. 从硬纸板上剪下相框的形状。

2. 拿一些烘焙用的锡纸包裹在相框上，将相框完全包裹住。

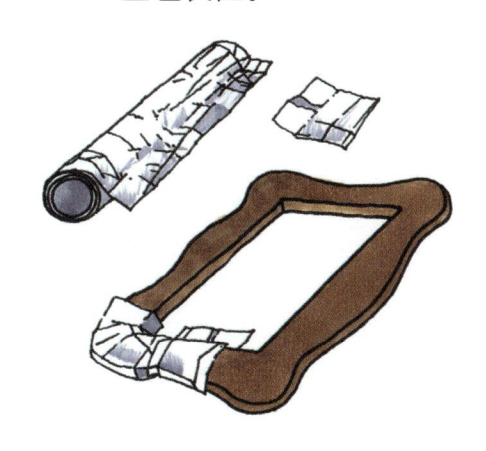

3. 将小块锡纸搓成小条或小球，做成装饰品。

4. 用胶带将装饰品贴在相框上。快去找一张你最靓丽的照片装进去吧！

什么是材料

木头

金属

石头

玻璃

我们所说的材料，指的是用来制作其他东西的原料。有些材料是大自然中已经存在的（比如石头），还有的则是人工制造的（比如玻璃）。有的材料是建筑专用的（比如水泥），还有的可以用来制作日常的小物件（比如塑料）。

成为小专家

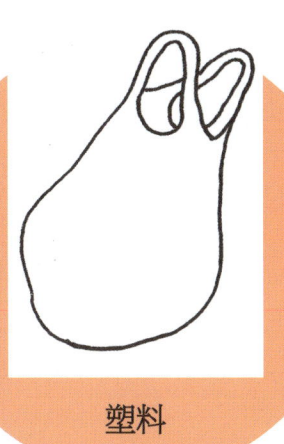

砖块

混凝土

塑料

毛线

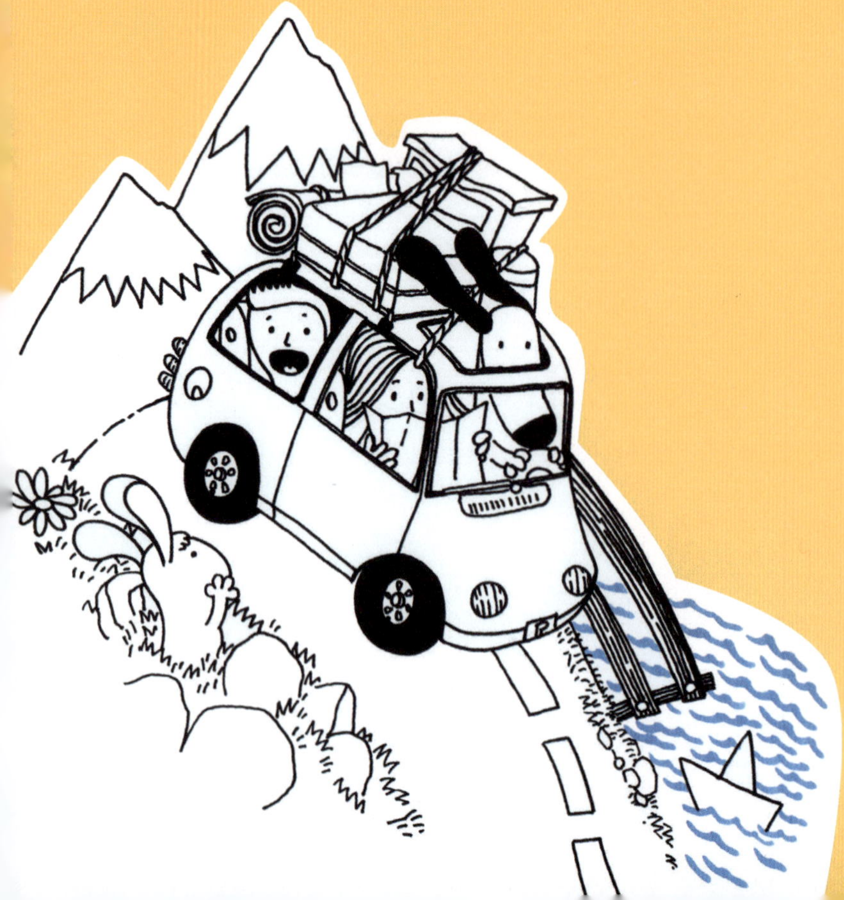

现代人类的家

房子与当地的环境息息相关

现代之旅即将开启，我们将探索各种自然环境中房屋的奥秘。当地的气候、位置和自然资源等因素，使得不同地方的建筑在形状、颜色和材料方面各有特色。农场、灯塔、磨坊、摩天大楼，每一处都有新奇的事物可以探索。

摩天大楼

你如果去过大城市,肯定看到过摩天大楼,塔状的金属结构高耸入云,看起来好像是在伸手触碰天空("摩天大楼"这个名字正是这么来的)。

有的摩天大楼有 100 多层,高度超过 400 米。你能想象站在上面俯视一切的心情吗?

家门口的比赛

如果你住的楼房有四层以上,那么你可以邀请朋友们一起来比赛!谁从一楼跑到顶楼用时最短,谁就可以获胜。

1. 找两个大人做裁判,帮忙用秒表计时。第一位裁判站在一楼起点处,负责记录选手出发的时间;另一位裁判则在顶楼等待,当选手抵达终点时,第二位裁判用通信设备告知第一位裁判。

2. 每次只能有一位选手出发。

3. 准备一个记分牌,在每位选手名字的旁边记下对应的时间。用时最短的选手获胜。

游戏

了不起的工作

你有没有思考过，摩天大楼的玻璃是谁在清洗和维护呢？负责这项工作的是一些专业的工人，他们把钢丝绳系在身上，从楼顶开始缓慢地往下移动。他们可都是攀爬专家，真的非常了不起！这项工作是有一定危险性的。

制作城市剪影

在日落之前，如果运气好的话，你可以在天际看到城市建筑的剪影。一幢连一幢的房屋在浅色天空的映衬下形成深色的轮廓。赶快来动动手，把城市天际线"搬"到家里来吧！

1. 在一张深色的卡纸上画出房屋、摩天大楼和其他的一些建筑，注意所有的建筑物要连成一片，彼此紧挨着。

2. 将它们小心地剪下，然后打开台灯，将灯光投射到一片空白的墙壁上。

3 将上一步中剪下的轮廓放到台灯前，看，漂亮的城市天际线就出现在你家墙上啦！

摩天大楼里的生活

生活在摩天大楼里的人都希望电梯永远不会坏！不知道你有没有注意到，每幢摩天大楼里都至少有两部电梯，这样即使其中一部电梯坏掉，住在高楼的人还能顺利地回家。

山里的房子

和父母去山里旅游的时候，你会看到很多房子是木头做的，而且屋顶尖尖的，房间小小的。这是因为将屋顶做成尖的，雪更容易滑落下来；使用木头作为建筑材料，当天气非常寒冷的时候，木制的房子尤其是小房子可以更快地升温。

学会数年轮

如果你在山上看到一棵被锯倒的树,那么你可以根据树干截面上的年轮来判断这棵树有多少岁。从中心算起,每一圈代表一年。你能算出下图的大树有多少岁吗?

坚果壳的妙用

要想让壁炉里的火烧得更旺，坚果壳可以帮上大忙！你可以将平时吃剩下的核桃壳、榛子壳、杏仁壳和松果壳都保存起来，它们都非常易于燃烧！

1. 准备一个纸袋，比如装面包的袋子。

2. 吃坚果的时候把吃剩的坚果壳收集起来，装进纸袋里。

3. 攒够之后，把袋子密封好，等到点燃炉火的时候放一些进去，大火会烧得更旺！

天然摆件

下次去山里游玩的时候，你可以随身携带一个袋子，收集一些来自森林的纪念品，比如松果、杉树枝、小木条、形状别致的小石头……这些小东西在节日来临时能派上大用场。

1. 将收集到的材料进行分类，比如松果算一类，小木条一类，以此类推。

2. 向大人要一只小盘子，上面覆盖一层脱脂棉（白色的）。

3. 用你收集来的材料在盘子上摆出喜欢的造型。

4. 如果家里有一根漂亮的蜡烛，你可以把它固定到盘子中间。一个带有满满自然气息的节日摆件就做好了！

牧民的家

夏季，草原上放牧的牧民们会搭建起临时的居所。这些棚屋基本上由牧民住的小木屋、圈养动物的牲口圈，还有专门用来制作奶制品和其他产品的房间这三部分组成。牧民们畜养的动物除了常见的牛，有时还包括羊和马。山里空气清新，牧草鲜嫩，动物生活得非常自在，因此产出的奶的品质也更高。如果不相信的话，你可以亲自去看看！

有趣的采访

在牧民家庭中，制作奶酪的技术代代相传。

你从你的父母那里学到了哪些技能呢？请你把能想到的罗列出来，然后问一问你的父母哪些事情是他们的父母所教的。如果父母的答案和你所写下来的答案有共同之处，说明这些就是你们家族所特有的"财富"！

牧民的生活

牧民们的一天从早上三四点钟就开始了。他们要先挤奶，然后把动物赶去牧场吃草；下午三点左右回到住处，还要再挤一次奶。其余的时间里，他们要加工牛奶，制作成美味的奶酪。你想知道牛奶是怎么变成奶酪的吗？那你可以去牧民的家里拜访，向他们请教。

暴风雨来了

下雨的时候，如果你在家感到无聊，不妨来算一算与发生闪电地点的距离吧。你只需要数一下看到闪电和听到雷声间隔的时间是几秒，然后再乘以声音的传播速度（340米／秒）。通过这样简单的计算，我们就能得出距离。

海边的房子

在天气炎热的海边，房屋的墙壁往往很厚，有的甚至能达到一米！这样的房屋冬暖夏凉，冬天可以保存室内的热量，夏天可以防止外面的热气过多地进入房间。此外，这些房子中的大部分都有屋顶露台或遮阳的长廊，非常适合人们享受户外生活。在干旱地区，人们还会在屋顶上摆放罐子，用来储存雨水。

海洋风冰箱贴

去海滩的时候,你可以搜集一些沙子、小石头、贝壳和被海浪打磨光滑的小树枝。然后动动你的巧手,来制作一个海洋风的冰箱贴吧!

1. 准备一个扁平的磁性贴。

2. 剪一块比磁性贴稍大一些的硬纸板作为底座。

3. 将硬纸板和磁性贴用白胶粘在一起,静置一段时间,等胶水变干。

4. 在硬纸板的另一面涂上足量的白胶,然后将来自大海的装饰品摆在上面。摆好造型后,在整个磁性贴上覆盖一层胶水。不用担心,胶水变干以后会变成透明的!

收集雨水

1

准备一个空的塑料容器,比如用完的洗洁精瓶子,记得用清水冲洗干净。

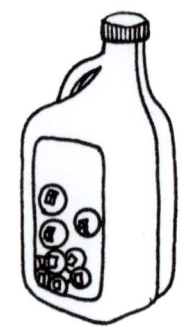

2

让大人帮忙把容器剪开,然后把它摆放在阳台上能接到雨水的地方。

3

用收集到的雨水来给家里的植物浇浇水吧。

纯天然锅垫

下面我们要做一个简单而又别致的礼物,把它送给爱下厨的朋友简直再合适不过啦!

1. 去海边的时候,你可以找一块尺寸跟锅相似、形状尽量扁平的石头。注意所选的石头不能太重。

2. 把石头带回家仔细清洗并晾干。

3. 在石头一侧贴几片防滑毛毡(贴在椅子腿下面的那种)。

4. 实用的锅垫就做好了,桌子再也不会被烫坏了!

白色的墙壁

在气候炎热的地方,人们总是想尽办法让房子里保持凉爽。比如,人们会将墙壁涂上白色的石灰。因为阳光遇到白色墙壁会被反射回去,这样能减少进入房间的热量。

灯塔

在海滨城市旅游的时候，我们常常能看到海岸边矗立着一种非常有趣的建筑，它看上去像一座高高的塔，顶端有一盏灯，发出亮得刺眼的白光。这就是灯塔。矗立在海岸边的灯塔能为海上的船只指明方向，告诉它们港口所在的位置。在过去，灯塔里面还住着负责看守和保养灯塔的人，而现在大部分的灯塔都已经实现了自动化，不再需要人来看管。有一些灯塔是允许游客参观的。

不一样的假期

如今有越来越多的人想去参观灯塔，如果你也有这个打算，下面是一些实用的建议。

▶ 由于灯塔所在的地方都比较偏僻，所以游客最好带齐自己需要的东西，包括食物。

▶ 一定要做好防晒措施！

在灯塔附近，你可以体验很多好玩的项目，比如潜水、观察鸟类和其他动物，或者来一次悠闲的散步，与大自然亲密接触。

令人着迷的职业

守护灯塔的工作非常辛苦。灯塔一般都位于岛上或者其他偏僻的地方，因此守护灯塔的人必须放弃城市便利的生活。不论是买食物还是看医生，他们都必须长途跋涉或乘船前往。不过，这也是一个非常令人着迷的职业，因为他们可以安安静静地生活，与大自然为伴，饱览漂亮到令人窒息的景色！

光之密码

海上的船有时会借助强光手电筒进行交流。手电筒亮灭的方式不同，所传达的信息也不一样。你也来试试看吧！

1. 准备一把手电筒。保持手电筒常亮三秒，那么你传达的信息是一条线；如果常亮一秒，传达的则是一个点。

2. 请你试着用灯光打出求救的信号。

   求救 = · · · ━ ━ ━ · · ·

3. 邀请朋友一起来试试看吧！

游戏

点亮灯塔

1. 在地面上自上而下画出四个大大的方格，然后在最上方画一个半圆形。

2. 在四个方格里分别写上"海上灯塔"四个字，半圆形里则写上"明灯"。

3. 每人拿一个小石子，第一位玩家要先将石子扔进第一个格子，然后跳进去，说出一个"海"字开头的词语，然后再将石子扔进第二个格子，跳进去并说出一个"上"字开头的词语，以此类推……如果玩家把石子扔错了格子，或者没能说出正确的词语，则被淘汰。

4. 第二位玩家接替上场，等到抵达了"明灯"后，玩家再用同样的方式返回，只不过这时要转身往后跳。

5. 最终，顺利跳完全程的玩家获胜！

农场

农场里的生活通常遵照大自然的步调展开,农民们在这里畜养动物、耕种农田、种植果树、养蜂、挤奶……他们在每个季节都有不同的事情要做。

教育农场:你去过教育农场吗?这是一种专门为学校和家庭开设的农场,老师和家长们可以带小朋友去和动植物近距离接触,感受大自然。孩子们不仅可以了解小动物们的生活,认识菜园里的农作物,还能参与耕作过程和手工活动。

制作果酱

一起来做一款美味的果酱吧！

原料：1.5 千克新鲜的杏、30 克糖、1 个柠檬

1. 将杏洗净并去核。

2. 将杏切成小块，然后放入一口稍微深一点的锅里，并加入糖和柠檬汁。

3. 开小火，炖煮 1 个小时左右。

4. 将果酱从炉子上移开，然后用电动搅拌棒搅碎。

5. 将果酱放凉后涂抹在面包上，赶快尝尝看，是不是很美味呢？

色彩斑斓的乡村

大自然是了不起的"调色师"。漫步乡间的时候，你可以认真观察一下周围的美妙色彩，深深浅浅的色调变化是不是非常令人着迷呢？选几种让你印象深刻的颜色，然后尝试再现它们吧！

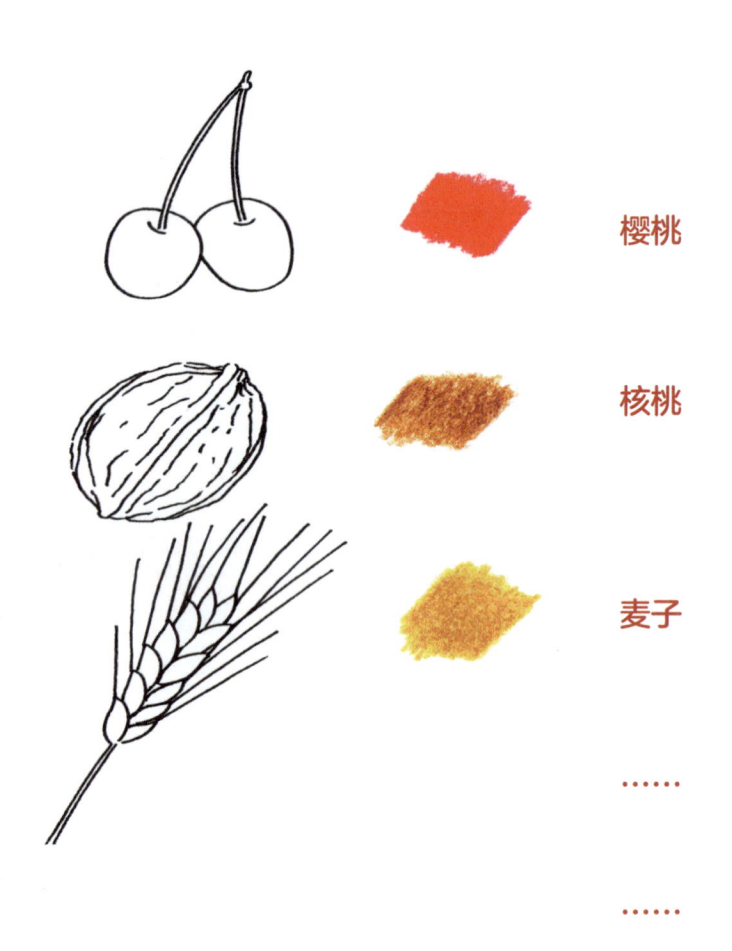

樱桃

核桃

麦子

……

……

漂亮的花环

你想送朋友一份独一无二的小礼物吗?还等什么,赶快行动吧!

1. 采一些小雏菊,注意花茎要长一些。

2. 如图所示,将小雏菊编织在一起。

3. 给编好后的小雏菊绑上一根漂亮的丝带。

一顶花环就做好了!看,是不是漂亮极了?

水磨坊

　　你听说过"水磨坊"吗？在以前，水磨坊扮演着非常重要的角色。人们把小麦、玉米、大豆或其他的谷物带到水磨坊，神奇的水磨就能把它们磨碎，做成面粉！

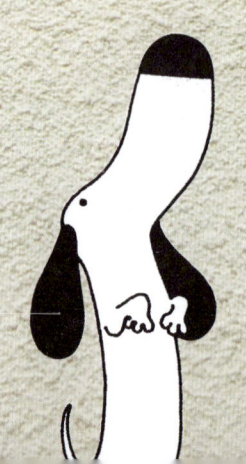

研磨

以前的小朋友都要帮着大人做很多农活，你也来贡献自己的一份力量吧！

1. 准备一些咖啡豆或粗盐。

2. 找两块光滑平整的石头。最好一块是又扁又宽的圆形石头；另一块是小一点的石头，拿在手里要舒服。

3. 将大一些的石头放到一个台子上，放上要研磨的东西，然后用另外一块石头敲击、研磨。

4. 不一会儿，你就会看到石头上有了很多粉末，你需要将这些粉末小心地收集起来。

5. 把研磨好的粉末交给妈妈，等她做饭的时候，这些粉末会派上用场。

实验

车轮上的房子

　　不管生活在哪里，如今的人们都已经习惯了稳定的群居生活，不再频繁地更换住处。然而，人类探索新事物的欲望却从未消失。于是，有人想到了一个好主意：给迷你的房屋装上轮子！就这样，可以悬挂在普通轿车尾部的拖挂小屋面世了。随后，真正的房车被发明了出来。除此之外，帐篷也算是一种简易的房子，它方便携带和组装，甚至可以装进背包，人们可以带上它来一场说走就走的旅行。

你是游牧者还是定居者

你属于游牧者还是定居者？用"是"或"否"回答下面的问题，然后去本页下方寻找答案吧！

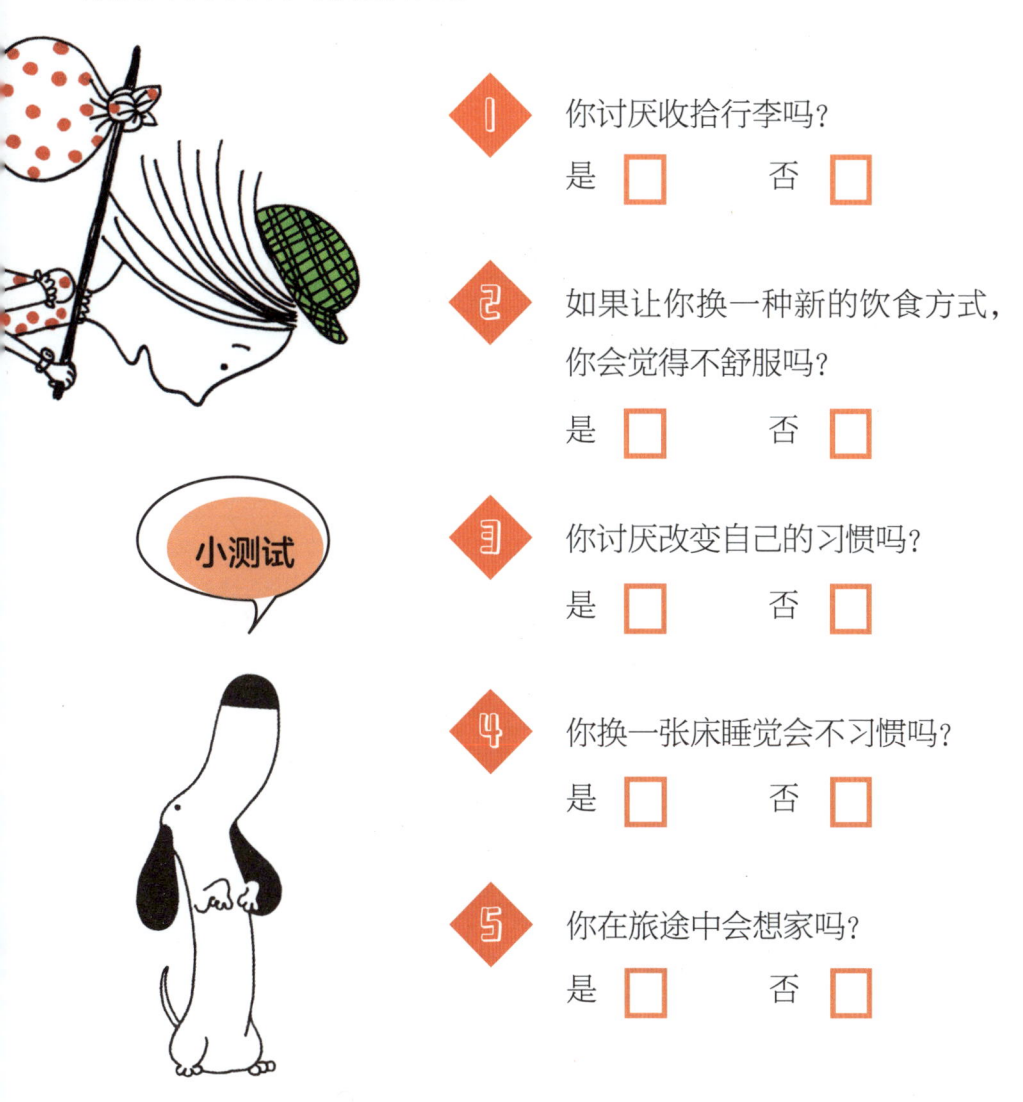

1 你讨厌收拾行李吗？
是 ☐　　否 ☐

2 如果让你换一种新的饮食方式，你会觉得不舒服吗？
是 ☐　　否 ☐

小测试

3 你讨厌改变自己的习惯吗？
是 ☐　　否 ☐

4 你换一张床睡觉会不习惯吗？
是 ☐　　否 ☐

5 你在旅途中会想家吗？
是 ☐　　否 ☐

参考答案：如果其中有三个以上回答"是"的话，你肯定是喜欢定居的那种人。如果其中有三个以上回答"否"的话，我敢肯定你是个小小的游牧者。还等什么呢？赶紧收拾好你的小行李一起去探险吧！

闪电式搬家

想象自己是游牧家庭的一员，大家正准备离开营地，搬迁到下一个地方。时间有限，你必须火速收拾好自己的行李。找妈妈要一个帆布袋，然后让她帮忙计时，你需要在10分钟之内把所有生活必需品装进袋子。

游牧民族

你知道吗？世界上现在依然有游牧民族，他们没有固定的居所，一直在迁徙。

不一样的电话

你有自己的手机吗?暂且把它放到旁边吧!现在我们要自己动手制作一台不一样的电话。你需要准备两个纸杯、一根两米长的毛线,还有……一个朋友!

1. 用铅笔在纸杯底部的中央钻一个小孔。

2. 将毛线穿过小孔,将两只杯子连接起来,并在两端分别打一个结。

3. 将其中一个杯子交给你的朋友,保持毛线紧绷,你们就可以交谈啦!注意两个人不要同时讲话,等一个人说完另一个人再说。

喂?

轻松便利的生活

昨天

ⓐ

ⓑ

室外卫生间

ⓒ

我们每个人家里都有很多让生活变得更加轻松和便利的现代发明。在没有这些产品以前，人们的生活完全是另外一副模样。请你仔细观察上面的图片，将现代发明与对应的老物件连在一起。

①

② ← 今天

③

参考答案：1-b，电灯代替了蜡烛；2-a，暖气代替了锅炉；3-c，有了自来水和污水道，代替了污水和污水井及水桶。

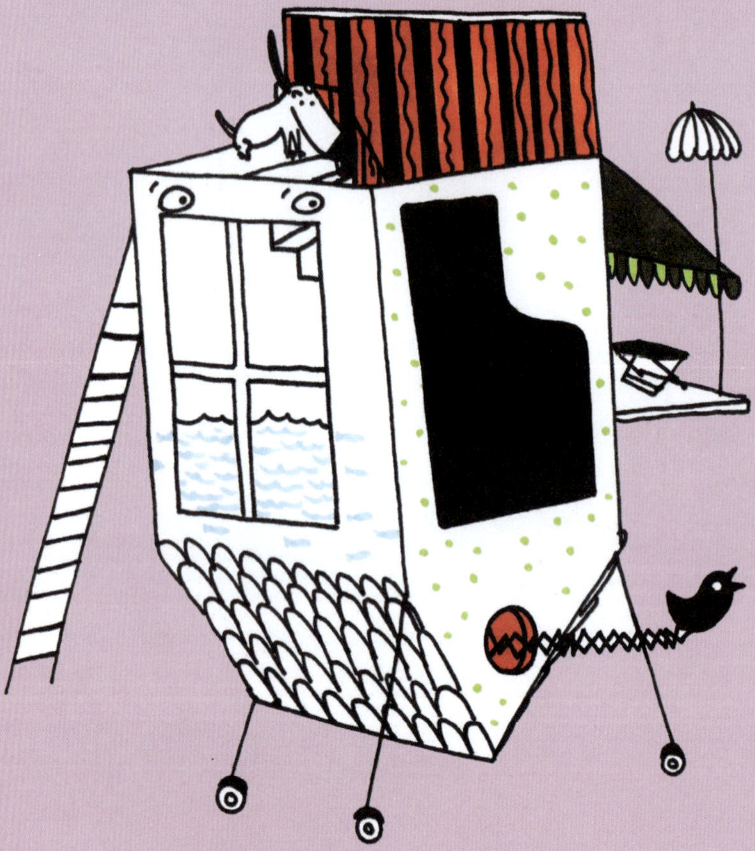

不同寻常的房子

探索奇特的房子

　　房子不仅是我们的住所，还是我们的一面镜子，能体现出我们的爱好和性格，因此有些人选择建造并居住在与众不同的房子里。

　　现在我们就一起去看看那些令人吃惊的房子吧！希望你在享受探索乐趣的同时，也要不断地挑战自己。只要敢于想象，你也能成为一位杰出的建筑师！

艺术家的房子

　　什么是艺术家？艺术家就是那些通过作品来表现自己的个性、思想和感受的人。很多艺术家们的房子都是别具一格的，有时甚至会由于过于奇特而变成供大家参观的景点，成了房屋博物馆。比如，意大利的胜利庄园就是一处奇特的房子，里面建筑林立、街道纵横。

吾之付出
即吾之财富

真真假假的奇怪表述

胜利庄园就像一座宝库，一个个神秘房间和花园里藏着无数你意想不到的东西。下面是一些关于这座庄园的描述，请你开动脑筋，先自己判断真假，然后去本页下方核对答案。

1. 胜利庄园的洗手间里有600多件东西。
   是 ○　　否 ○

2. 胜利庄园的餐桌主位上摆着一只涂过防腐香料的大海龟。
   是 ○　　否 ○

3. 胜利庄园的入口正对面有一系列的自行车藏品。
   是 ○　　否 ○

4. 胜利庄园的公园里停放着一艘军舰。
   是 ○　　否 ○

5. 胜利庄园的卧室里有一个玻璃穹顶，可以观察星空。
   是 ○　　否 ○

参考答案：1. 真的；2. 真的；3. 假的；4. 真的；5. 真的。

艺术气息

你想给自己的房间增添一丝艺术气息吗?这其实非常简单,只要把一支本来应该是浅色的花朵染成蓝色或黑色就可以了!

1. 将适量的深色颜料放入水中,搅拌溶解后倒入试管。

2. 将一朵浅色的花(雏菊、百合或黄色的郁金香都可以)插入试管中。几个小时后,你会发现花朵变成了深色!

实验

有色面具

试着用不一样的"眼光"来看一看周围的世界吧!用黄色、橙色或蓝色的透写纸做一个面具,戴上后你会发现眼前仿佛是另外一个世界!

所需材料:剪刀、可以弯折的吸管、彩色的透写纸(临摹纸)。

1. 在彩色透写纸上画出并剪下一个面具的轮廓。

2. 在面具的一侧钻一个小孔,将吸管可以弯折的一头插进去,然后折起来,像别针一样固定在面具上。

一个简单的有色面具就做好了!

实验

古怪的房子

有的房子代表着主人的趣味和性格，一些有个性的人住的房子可是相当特别。有时候只需要一点想象力，人们就能创造出造型奇特到令人难以置信的房子。

和平地球仪：意大利有一座巨大的地球仪形状的房子。这个巨大的球体周长 31 米，重达 180 吨，是由一位泥瓦匠花了 5 年时间设计建造的！房子里有很多房间，每个房间都有自己的名字，比如箴言室、音乐室、秘密洞穴……

专属印章

制作一个专属于你的印章，然后把卧室的一角装饰成最特别的样子吧！

你需要准备土豆、小刀和印泥。

1. 将土豆洗干净，然后请大人从中间切开，不需要削皮。

2. 请大人帮忙，用小刀（或者妈妈的美甲工具）在土豆上刻出一个你喜欢的图案。

3. 用刻好图案的土豆在印泥上按一按，然后印在纸上或其他物品表面。

独一无二的专属印章就做好啦！

世界各地的怪房子

世界上有很多稀奇古怪的房子！比如倒立的房子、建在树上的房子，还有用塑料瓶、易拉罐甚至是垃圾搭建的房子！

怪在哪里

一位古怪的建筑师设计了一座不同寻常的房子。你能看出它有什么奇特之处吗？

参考答案：房子的入口在房顶；房子的烟囱也倒倒了；房子上画的是只眼睛；水从底部流向房顶；房子向右没有墙，有一只小鸟从房子下面飞了出来。

大胆想象

如果让你来建造一座奇特的房子,你会把它设计成什么样呢?先用面团来练练手吧!

你需要准备的材料有:
1. 细盐
2. 面粉
3. 自来水

1. 将面粉和盐都倒进碗里,用手把它们混合均匀。

2. 让大人帮忙往碗里加水,每次加一点点。

3. 不停地揉捏面粉,等和成一个柔软不粘手的面团时,你就可以发挥想象,尽情创作了!

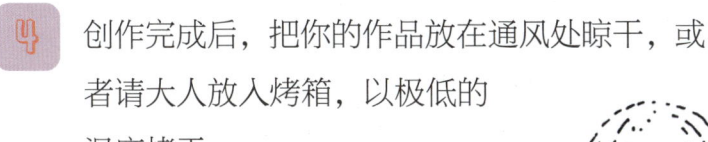

4. 创作完成后,把你的作品放在通风处晾干,或者请大人放入烤箱,以极低的温度烤干。

脑洞大开的房子

　　有些房子在现实生活中根本不存在，可是大家对它们却非常熟悉，好像我们都在里面住过似的。比如有着脆脆的屋顶和甜甜的糖窗的糖果屋；或者故事里经常出现的那种阴森森的城堡，城堡里的某只盒子突然伸出一只手，地上的熊皮地毯立刻凶狠地咆哮起来……

看起来很好吃

在童话故事《糖果屋》中，汉塞尔和格蕾特曾在森林里找到了一个糖果屋，你也用糖果做一座小房子吧！你可以去甜品店里买一些姜饼，然后在妈妈的帮助下搭成一座小屋。现在请你发挥想象，把糖果屋装饰得更加漂亮吧！

你可能会用到：

一些彩色的糖果

少量奶油

一些巧克力

一些樱桃蜜饯

一些棉花糖或橡皮糖

童话世界里的屋子

你对童话世界熟悉吗？现在就来挑战一下吧：请为下面的每个童话人物找到对应的房子，然后对照答案算一算自己的得分。

1. 睡美人
2. 长发公主
3. 穿靴子的"猫"
4. 小拇指
5. 丑小鸭

没有什么是不可能的

很多时候，现实已经超出了我们的想象。如今我们有不用钥匙而是用虹膜开锁的门；有主人一睁眼就自动启动的咖啡机；甚至还有能连上网络并将新闻打印在切片面包上的烤面包机！

ⓐ 磨坊

ⓑ 塔

ⓒ 破旧的小屋

ⓓ 树林里的城堡

ⓔ 池塘

参考答案：1-d; 2-b; 3-a; 4-c; 5-e。

五花八门的工种

① ② ③

建造一座房子需要多位专业人士的配合，每个人都扮演着非常重要的角色！观察图片，你能辨认出多少个不同的工种？

④

⑤

⑥

水管工	建筑师
泥瓦工	木工
砌筑工	油漆工

参考答案：1.水管工；2.砌筑工；3.木工；4.油漆工；5.建筑师；6.泥瓦工。

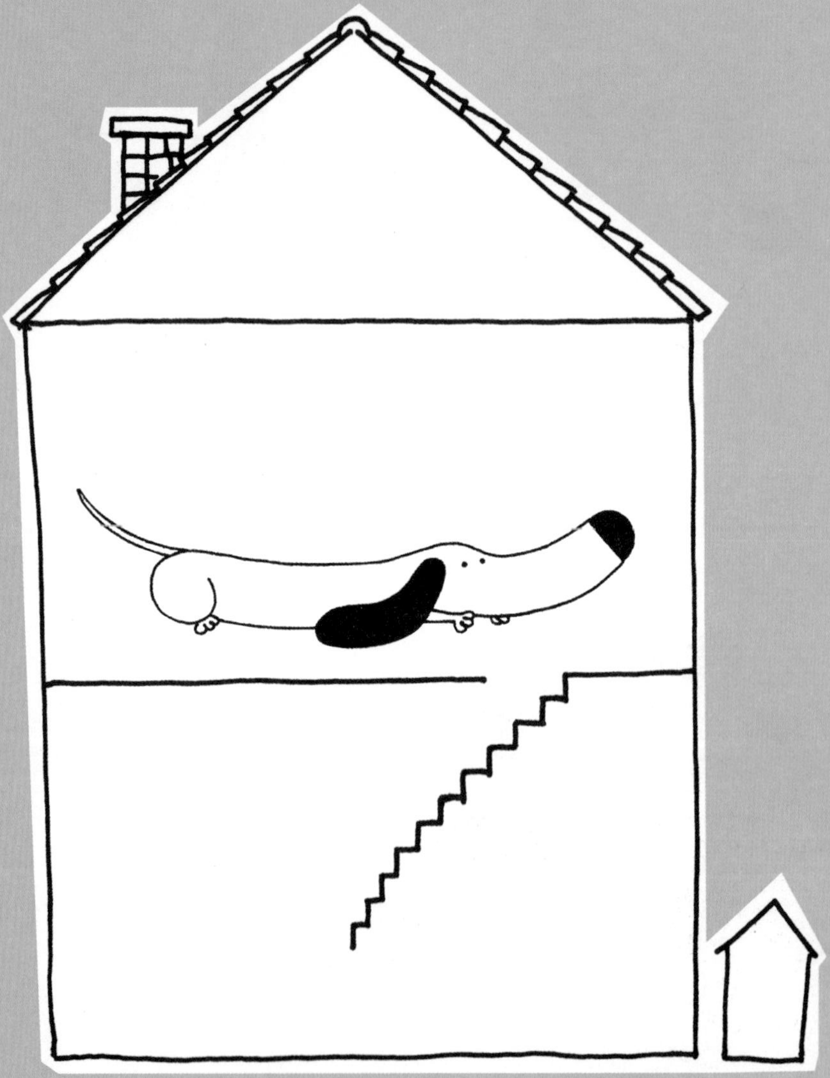

探索自己的家

那些你不知道的秘密

现在我们来到了本次旅行的最后一站。你需要做的是探索自己的家！你的家现在是什么样子？和过去相比发生了哪些变化？

请你对它进行仔细地观察、测量，很快你就会发现自己的家居然这么有趣。

然后，请你展开想象的翅膀，畅想未来的房子会变成什么样子！

以前的家

跟数年前相比,我们的家里都发生了很大的变化。在过去,父母和孩子是睡在一起的,现在男孩和女孩都分别有自己的房间,而这在以前是根本无法想象的。

奇怪的老物件

不仅是房子,我们家里的物品也发生了翻天覆地的变化。下图是人们在过去用过的一些物品,你能猜出它们的用途吗?

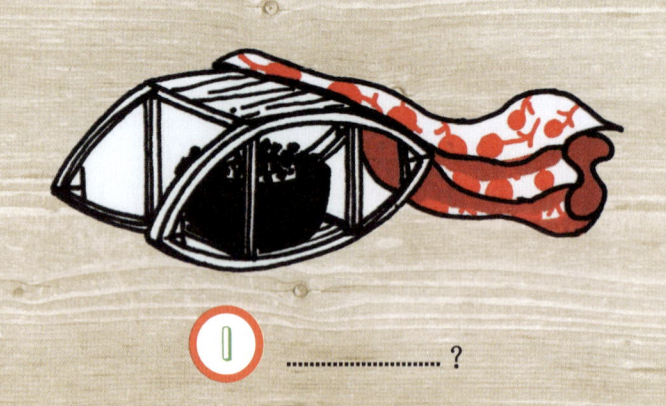

① ....?

② ....?

3 ....?

4 ....?

5 ....?

参考答案：
1. 暖炉壁炉。人们在图中这样的装置里装上几块柴火，睡觉时就把它盖住，可以起到取暖的作用。但是现在已经不常见了。
2. 火水桶。人们用来洗澡用的，因为以前没有淋浴花洒！
3. 脚踏缝纫机。现在这种脚踏缝纫少见了，一般都是电动的。
4. 煤油灯。以前没有电的时候，人们就用这种灯来照明。
5. 面包柜。这是一种以前的厨房，下面可以存放蔬菜和面粉等食品。

97

现在的家

你准备好探索自己的家了吗？你是不是觉得对它已经了如指掌了？那可不一定哦！试着以新的眼光仔细观察一遍自己的家，你会发现很多不曾发觉的秘密……

细心的观察者

请你闭上眼睛，想一想家里某个你非常熟悉的角落，比如你房间里的置物架、父母的梳妆台或厨房里的某层架子。然后睁开眼睛，在下面的空白处把这个角落画出来。画完以后去现场对比一下，看看自己的记忆有没有出错！

一起来寻宝

下面这个游戏非常适合在家里玩。你需要准备的东西也很简单，只需要几团彩色的毛线、一些可以藏起来的奖品，还有一位可以帮忙的大人！

1. 邀请几位朋友来家里。

2. 每位小朋友选择一团不同颜色的毛线和一个奖品。

3. 让大人帮忙将毛线和奖品系在一起，把奖品藏在某个抽屉或某件家具里，然后拉着毛线在家里的家具中间绕一绕，比如从桌下穿过或从沙发后面绕过，最后拉到门口。

4. 现在游戏正式开始！所有小朋友一起出发，看谁最先沿着毛线找到自己的奖品。

祝你们玩得开心！注意不要被绊倒！

游戏

听听家里的声音

你需要准备一支录音笔。

请大人拿着录音笔在家里绕一圈,录下一些声响,比如电脑、电视机、电话、洗衣机、洗碗机或吸尘器发出的声音。

现在你可以和朋友们一起把录音听一遍,猜一猜每种声音分别是由什么机器产生的,猜出最多的人获胜。

游戏

请勿打扰

你的房间是属于你个人的私密空间，你可以在里面尽情玩耍、创作、睡觉……如果你不想被打扰，你可以在门上挂一块告示板。

1

准备一块硬纸板，请大人剪出一个长方形。

2

借助纸杯，在长方形纸板上画出一个圆圈，然后请大人用剪刀将它剪下。剪完后试试看你房间的门把手能否套入圆圈。

3

在纸板上写上"请勿打扰"之类的标语，并用自己喜欢的方式把它装饰得更加漂亮。最后，把牌子悬挂在门把手上。这样就不会有人来打扰你啦！

瓶盖比赛

你玩过瓶盖比赛吗？你需要准备一些瓶盖，然后分给朋友们，每个人至少要分到一个。

1. 大家轮流朝墙壁投掷瓶盖，瓶盖要尽量靠近但却不能碰到墙壁。碰到墙壁的瓶盖将被移走。

2. 最后，谁的瓶盖离墙壁最近谁就获胜。

游戏

接球游戏

你需要一个皮球，还有一堵墙。

1. 试着把球拍到墙上然后再接住。

2. 试着再把球拍到墙上，但是接球之前双手要先在背后击一次掌。

3. 现在试着再次把球拍到墙上，然后发挥你的想象，每次都把动作设计得更加复杂一些，比如鞠个躬、转一次身、单腿跳一下等。

4. 如果是跟朋友一起玩，你们可以事先把动作的顺序定好，最先完成所有动作的人获胜。

游戏

自然环境是我们的第一个家

现在所有的房子都是环保的吗？这是一个非常重要的问题。环保的房子指的是那些在建造过程中始终以尊重环境为前提、对环境不造成任何破坏或污染的建筑。其实，我们第一个真正的家，正是我们所生活的环境。

自我测评

你在日常生活中有没有注意保护环境呢？通过下面的测试来评估一下吧！请在每个问题下面勾选"是"或"否"，然后去本页下方寻找答案吧！

1. 你喜欢用一次性碗筷吗？
   是〇 否〇

2. 你在刷牙的时候会让水龙头一直开着吗？
   是〇 否〇

3. 你会把垃圾随意丢弃在地上吗？
   是〇 否〇

4. 你经常踩踏草坪吗？
   是〇 否〇

5. 你会使用大量的塑料瓶吗？
   是〇 否〇

小测试

请关闭水龙头

参考答案：答案中只有2个或2个以下"是"的话，那真，你是一位优秀的"环保卫士"！答案中有2个以上"是"的话，说明你对环境保护还有许多要学习的地方哦！

给环境增香

我们知道供人使用的香水有很多种,事实上,为环境增加芬芳的香水也有不少,你也可以动手制作一款!

1. 准备一个橙子或柠檬,还有一些丁香。

2. 用削尖的铅笔在橙子或柠檬表面均匀地扎十几个小孔。

3. 在每个小孔里插入一粒丁香。

4. 你可以把这颗香香的果子用线串起来吊在衣柜里,也可以放进抽屉里。

多么沁人心脾的香味呀!

变废为宝

如果你有不需要的东西，先不要着急扔，可以开动脑筋，变废为宝。你会发现用这些废旧的"垃圾"可以做出很多可爱的东西，比如一套机器人服装。一起来试试看吧！

1. 准备一大、一小两个纸箱。

2. 将小纸箱的盒盖折起来并用胶带封起来，然后在底部挖一个大一些的洞（头能放得进去），在前面挖三个小一点的洞（对应着眼睛和嘴巴的位置）。

3. 将大箱子的盒盖用胶带封起来，注意留一边不要封住，因为后面你需要从这一边穿进去。

4. 在大纸箱两侧各挖一个洞用来放胳膊，上面挖一个洞用来放头。

5. 现在你需要在纸箱上画出机器人的模样，或者在上面挂上其他回收来的物品作为装饰，比如瓶盖、剪纸、旧光盘……

6. 一套炫酷的机器人服装就做好了！

丢弃的垃圾

我们丢弃在地上的垃圾，如果没有人捡起来扔进垃圾桶，它们就会一直躺在地上。这些垃圾要过多长时间才能被分解掉呢？事实上，一张纸巾需要3个月，一块口香糖需要5年，一个易拉罐需要10~100年，一个塑料瓶则需要100~1000年才能被分解掉！

家里的伟大发明

洗衣机

（托马斯·林恩·布拉德福德，1860年，美国）

洗碗机

（约瑟芬·科克伦，1886年，美国）

烤面包机

（弗兰克·谢勒，1909年，美国）

食品加工器

（鲁道夫·恩巴赫，1959年，德国）

请你绕着家里转一圈，观察一下房间里的东西。也许你没有意识到，我们身边有无数彻底颠覆了生活方式和居住条件的伟大发明。你知道这些"神器"是什么、是谁发明的吗？

电话

（安东尼奥·穆齐，1856年，意大利）

编者注：目前公认的电话发明人是亚历山大·贝尔且电话发明于1876年。

电动搅拌器

（斯蒂芬·波普拉夫斯基，1922年，美国）

收音机

（古列尔莫·马可尼，1901年，意大利）

电视机

（约翰·洛吉·贝尔德，1925年，苏格兰）

吸尘器

（詹姆斯·默里·斯潘格勒，1908年，美国）

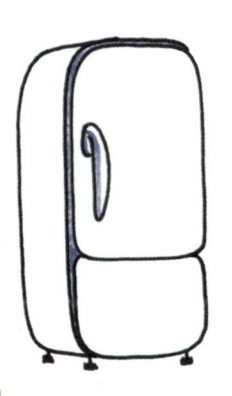

冰箱

（约翰·戈里，1851年，美国）

未来的家

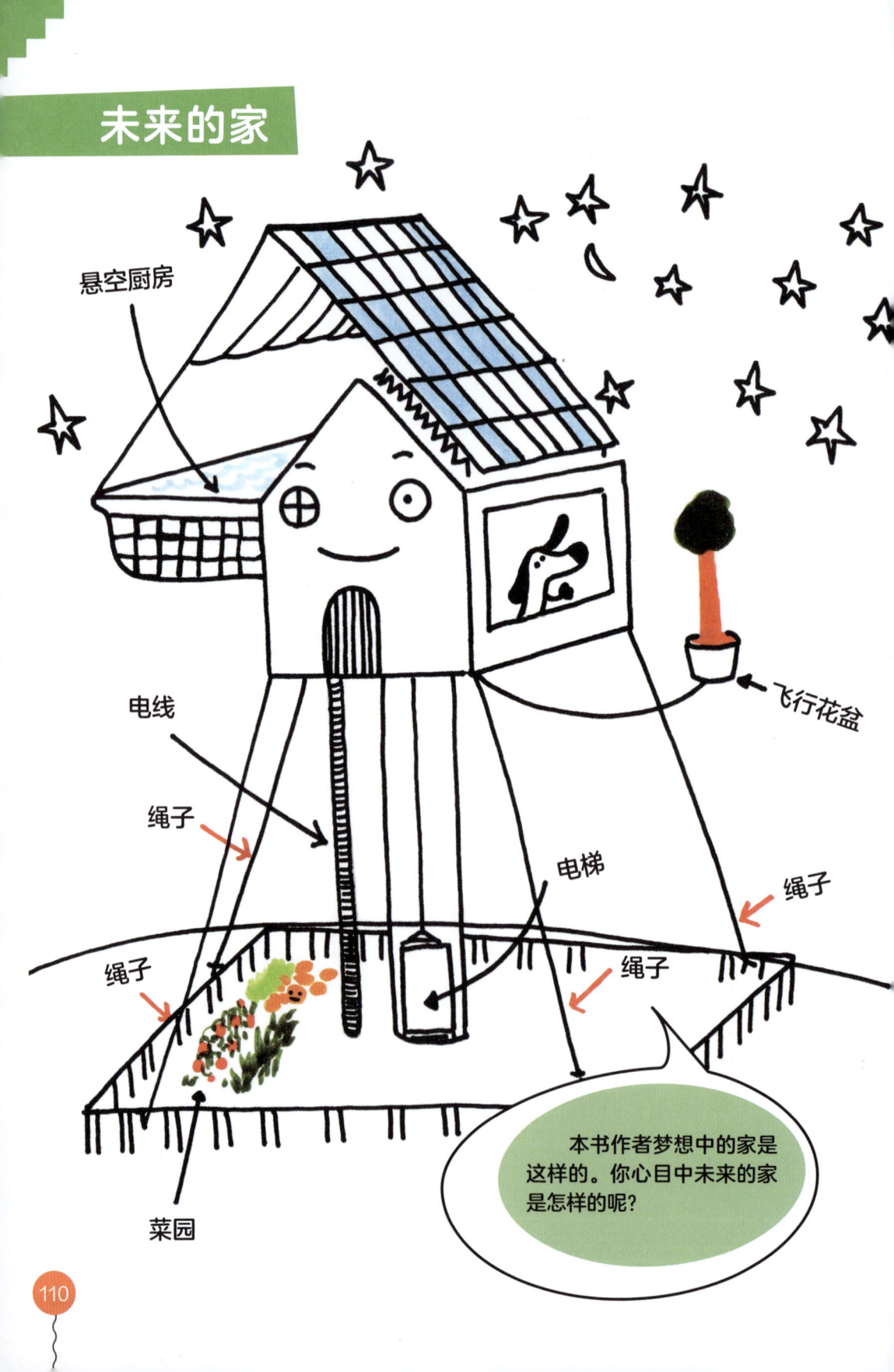

悬空厨房

电线

绳子

绳子

菜园

电梯

绳子

绳子

飞行花盆

本书作者梦想中的家是这样的。你心目中未来的家是怎样的呢?

请把你梦想中的家画出来吧！

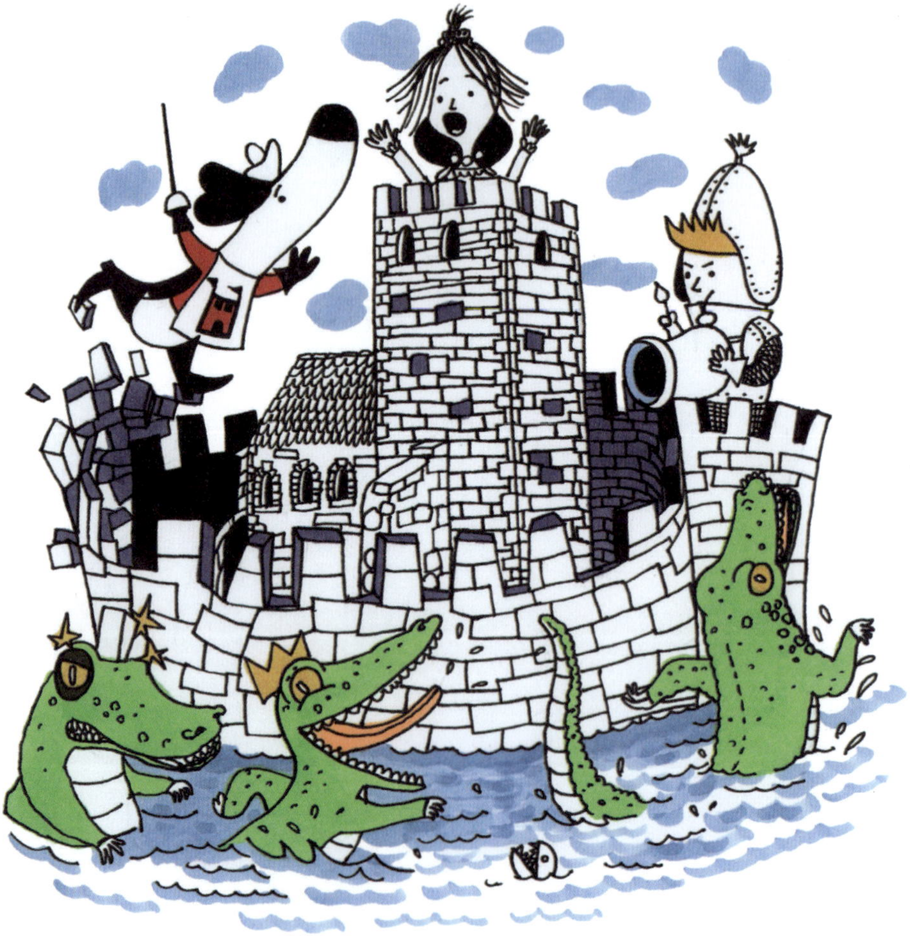

去挑战！
少年科学任务

古埃及探秘

[意]朱利亚·卡兰德拉·博诺拉　著
[意]西莫内·雷　绘
杨苏华　译

科学普及出版社
·北京·

图书在版编目（CIP）数据

去挑战！少年科学任务.古埃及探秘/（意）朱利亚·
卡兰德拉·博诺拉著；（意）西莫内·雷绘；杨苏华译
. -- 北京：科学普及出版社，2024.3
ISBN 978-7-110-10693-8

Ⅰ.①去… Ⅱ.①朱… ②西… ③杨… Ⅲ.①科学知
识－少年读物②埃及－古代史－少年读物 Ⅳ.
① Z228.1 ② K411.209

中国国家版本馆 CIP 数据核字（2024）第 047903 号

著作权合同登记号：01-2023-1611

Missione Egitto
"First published in Italy in 2016 by Franco Cosimo Panini Editore S.p.A
Original title: Missione Egitto © Franco Cosimo Panini Editore S.p.A
Text by Giulia Calandra Buonaura
Illustrations by Simone Rea"
The simplified Chinese translation rights arranged through Rightol Media（本书中文简体
版权经由锐拓传媒旗下小锐取得 Email:copyright @ rightol.com）

踏上激动人心的新旅程

在本次探险之旅中，我们将穿越时空来到古埃及。你将有机会参观他们的村落，了解尼罗河两岸人民的生活，还能到古埃及诸神的庙宇和法老们的神秘陵墓一探究竟……

接受充满挑战的任务

　　作为一名小小考古学家，你将在历史的书页里乘风破浪：你需要解开谜题，破译古老的文字；还要擦亮眼睛，完成考察眼力的小游戏；更要手脑并用，完成各种小制作和小实验。

　　属于你的探险之旅由此开启……

导航图标

游戏 　测试 　观察

创作 　烹饪 　手工

你知道吗？ 　这个标志表示有新奇的小知识。

考古学家手记 　看到"考古学家手记"的标志，表示你将在这一页中收获**有趣的拓展知识**。

目录

尼罗河的馈赠   1
　寻找古埃及   2
　水上"高速公路"   4
　生命之河   6
　勤劳的人民   8
　狩猎与捕鱼   10
　考古学家手记   12

古埃及的神话故事   25
　口吐宇宙   26
　有趣的联想   28
　神庙与雕像   30
　能读会写的祭司   32
　禁止入内   34
　神庙的内部   36
　阿布辛贝神庙   38
　法老,大地上的神   40
　战斗开始了   44
　考古学家手记   46

古埃及人的生活   53
　古埃及的房子长什么样   54

开饭啦	58
假发	62
爱美之心	64
华丽的首饰	66
精致考究的衣橱	68
校园生活	70
书吏	72
神奇的书写	74
娱乐方式有哪些	76
小朋友们玩什么	78
古埃及的音乐	80

"永恒"的生命 83

木乃伊	84
人俑小雕像	86
陵墓的建设者	90
从岩石中凿出来的世界	92
"柔术表演"	94
通往太阳的阶梯	98
斯芬克斯之谜	100
考古学家手记	102

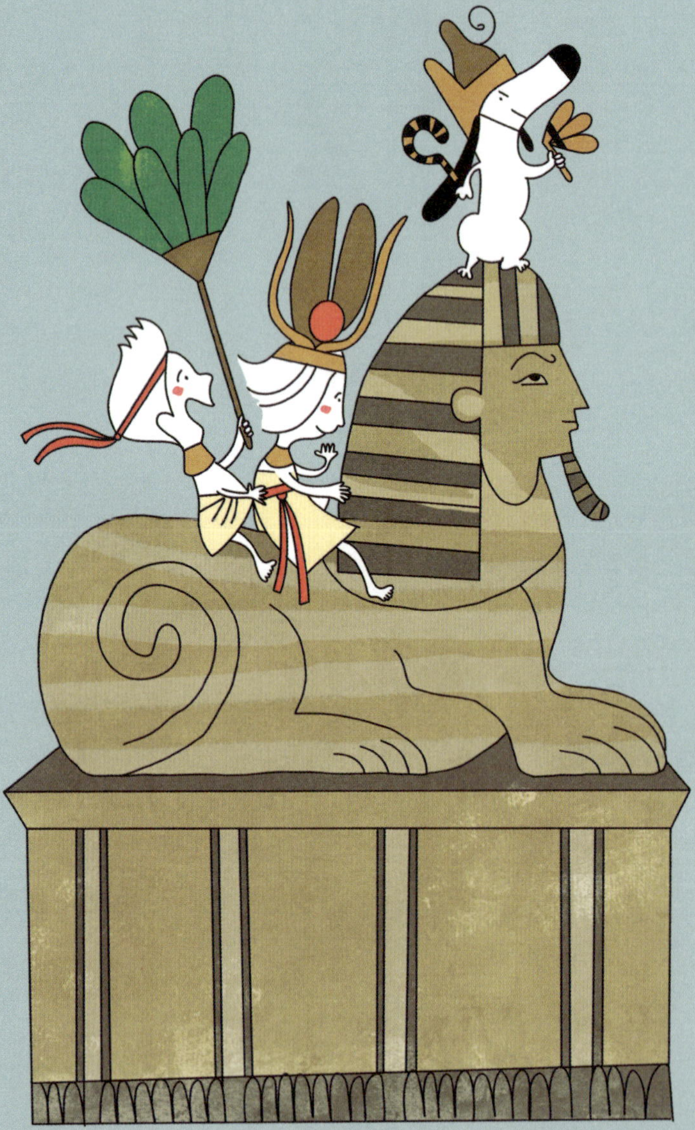

尼罗河的馈赠

灿烂的古埃及文明持续了 3000 多年，在这漫长的岁月里，世界上的大部分地方早已经历了无数文明的繁荣与衰败，许多民族创造了辉煌的成就，然后又消失在了历史的巨轮之下。

你有没有想过，古埃及为什么会成为当时世界上如此富有、强大的国家呢？古埃及人到底有什么过人之处？为了解开这个谜团，我们将亲自"穿越"到他们的国度，看看那个阳光充裕、光芒万丈的地方……

寻找古埃及

古埃及和今天的埃及一样,都位于非洲的北部。古埃及曾被划分为南方的"上埃及"和北方的"下埃及"。你可以从地图上看到,有一条名叫**"尼罗河"**的河流从埃及穿过,这条河长达 6000 多千米,让古埃及变得肥沃而富裕,是埃及人民的"母亲河"。古希腊历史学家希罗多德曾经赞美古埃及是**"尼罗河的馈赠"**,因为如果没有河流,伟大的文明可能很难诞生。

向你致敬，尼罗河

　　古埃及流传着一首关于尼罗河的颂歌，赞美尼罗河赐予这片土地生命，哺育古埃及的子民。在你看来，下面哪句话不是这首颂歌里的歌词呢？

向你致敬，
亲爱的尼罗河，
感谢你赐予了埃及生命。
你是鱼群之主，
滋润干渴的荒漠。
你是大地之母，
捧出大麦与小麦的丰收。

当你开始上涨，
所有人都欣喜若狂。
每个下巴都荡漾着笑纹，
每颗牙齿都晒起了太阳。

当你大发雷霆，
当年的食物就会毁于一旦。
你的汹涌波涛里住着凶猛的怪兽，
它们让敌人瑟瑟发抖，
不敢靠近。

参考答案：你的泛滥通常带来灾难的后果，它们让人遭受灾祸，不敢靠近。

水上"高速公路"

尼罗河曾经是运送乘客和货物的水上"高速公路"。**古埃及人出行最常用的交通工具就是船**。他们甚至以为,太阳也是乘着船飞到天上去的!最开始的时候,古埃及的船是很小的。后来,船的尺寸变得越来越大,而且还装上了船帆。古埃及人用这样的大船运送较重的货物,比如运输建造神庙的巨型石头。

形态各异的船

世界各地的船各有特色！请你仔细观察，找出下面哪一艘是古埃及的船。其他几艘又是什么船呢？

1

2

3

4

参考答案：2号是古埃及的船，1号是罗马的船，3号是哥伦布船；4号是维京船。

生命之河

尼罗河发源于多山的高原。**每年夏天**，山上都会迎来丰沛的降水，**尼罗河的水位也会随之上涨**。河水常常冲破堤岸，淹没周围的农田。不过，这种**"温柔"的洪水**对人们来说反倒是一件好事，因为洪水过后会在农田上留下**肥沃的黑色淤泥**，对植物的生长十分有利。

因此，在尼罗河两岸形成了狭长的河谷，里面植物丛生，生机盎然。古埃及人所热爱的这片"黑土地"是名副其实的生命之地。要知道，在这个国家的其他地区，大都是干旱贫瘠的"红土地"，即一望无际的荒漠。只有在靠近绿洲的地方，生命才有迹可循。

模仿"决堤"的小实验

1 拿一个塑料盆（可以用妈妈洗衣服用的那种），在盆里放满土或沙子。

2 在中间挖出"河床"，然后盖上塑料薄膜（可以用妈妈在厨房里常用的保鲜膜）。

3 将水缓缓倒入"河"中。

4 你可以注意观察，当倒入过多的水时，"河流"就会决堤，"河水"就会淹没周围的土地。这正是尼罗河河水泛滥时的场景！

勤劳的人民

在这片狭长的绿色河谷中,古埃及人紧靠农田建造起简陋的砖房,他们要辛勤劳作,用种出来的大麦和小麦等谷物**制作面包**、**酿造啤酒**,为人们提供丰富的食物。

制作泥砖房

泥浆和稻草是一对绝佳的"搭档",把它们混合在一起可以做成泥砖。古埃及人用这种泥砖,建造出了冬暖夏凉的房子。

你也来试试看吧!

1. 将土、沙子和水倒入一只小桶中,不断搅拌,和成泥浆。

2. 如果你想,也可以在桶中加入杂草、稻草或干树叶。

3. 拿一个用来做冰块的模具,将泥浆填入模具中,并用勺子压实。

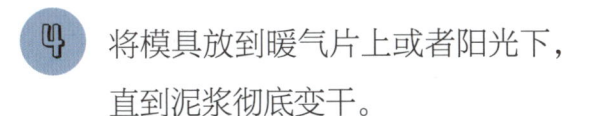

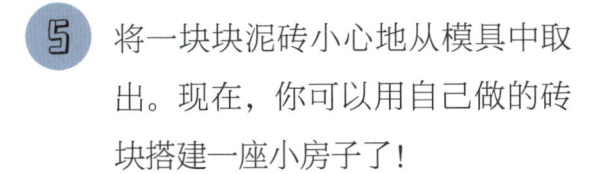

4. 将模具放到暖气片上或者阳光下,直到泥浆彻底变干。

5. 将一块块泥砖小心地从模具中取出。现在,你可以用自己做的砖块搭建一座小房子了!

狩猎与捕鱼

尼罗河大片的沼泽地带是猎人们的天堂。古埃及人喜欢在河岸边用网子和回旋镖来捕捉鸟类，用一种类似渔叉的工具捕猎河马，许多小雕塑、武器和工具都是用河马的獠牙制作而成的。

尼罗河捕鱼记

尼罗河里生活着品种丰富的鱼类，不过人们捕鱼一般都在浅水区进行，渔网、渔叉和鱼竿是最常用的工具。捕上来的鱼会被人们放在阳光下晒成鱼干。

走迷宫

有几名猎人迷路了,快来帮他们找到回村子的路吧!千万要当心河马和鳄鱼哦!

考古学家手记

尼罗河两岸栖息着众多的动物、植物，蕴藏着丰富的矿物，快来认识一下它们吧！

动物

鳄鱼

猎豹

河马

大象

狮子

猴子

蛇

瞪羚

鬣狗

植物

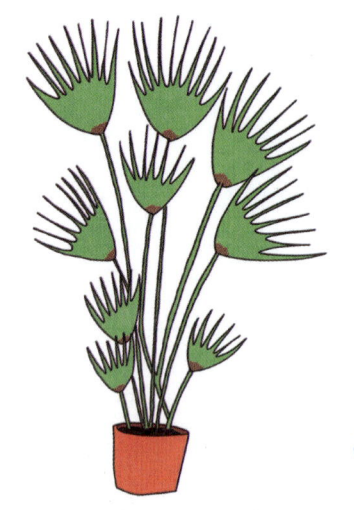

纸莎草

可以制作成纸张。

芦苇

可以编织成篮子、桌子和凳子。

亚麻

可以做服装面料。

荷花

既可以开在尼罗河上,也可以拿来装饰花园里的小池塘。

杜姆棕榈树

考古学家曾在许多法老的坟墓里发掘出杜姆棕榈树的种子。

羽状叶椰枣树

叶子呈羽毛状，是最古老的植物之一。

葡萄

可以用来酿造葡萄酒。

无花果

可以用来搭配菜品。

莲花

古埃及人把莲花作为生命的象征。

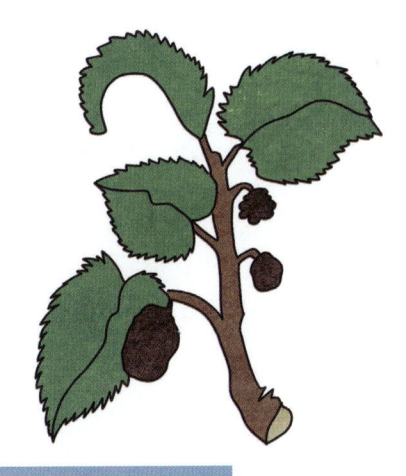

西克莫无花果

古埃及人会将它结出的果实放入坟墓，作为一种信物。

珍贵的矿物

　　古埃及的沙漠里蕴藏着非常丰富的矿物。那里不仅有花岗岩、雪花石和绿松石等石材，还有黄金等珍贵的金属。这么多珍贵的材料有什么用途呢？你大可不必担心，因为法老时代的埃及绝对是这类材料的消费大国！古埃及所有重要的建筑物（尤其是神庙和陵墓）都是用石料建造的，而且**古埃及人酷爱珠宝，喜欢全身都戴满饰品**。

纸莎草金矿图

　　古埃及人绘制的金矿图是人类历史上最早的地图之一。这幅地图可以追溯至公元前1150年左右，描绘的是位于阿拉伯沙漠的瓦迪·哈马马特金矿，图中详细地标记出了矿床、入口、矿工们的小屋、供奉神灵的祭台。

宝石在哪里

寻找宝石挑战现在开始！请你开动脑筋，穿越矿山迷宫，找到宝石吧！

古埃及制造

下列物品中有两件不是古埃及人制造的，擦亮眼睛把它们找出来吧！

排块巧克力

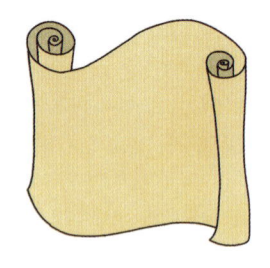

莎草纸卷轴

装在双耳陶罐中的葡萄酒

亚麻袍子

芦苇草篮筐

草编凉鞋

金币

参考答案：古墓中未发现巧克力和金币，据说古埃及人制造玻璃的技艺非常高妙。

驯养高手

　　仔细观察保存至今的古埃及绘画和浅浮雕作品,你会发现古埃及人曾在院子里饲养各种动物,有小猫、小狗,也有瞪羚、水牛、小鹿,甚至还有狮子、大象和长颈鹿!没错,古埃及人曾试图驯养所有的动物!

是谁的脚印

　　尼罗河岸边松软的河滩上，有几只小动物留下了它们的足迹。你能分辨出这些分别是什么动物的脚印吗？

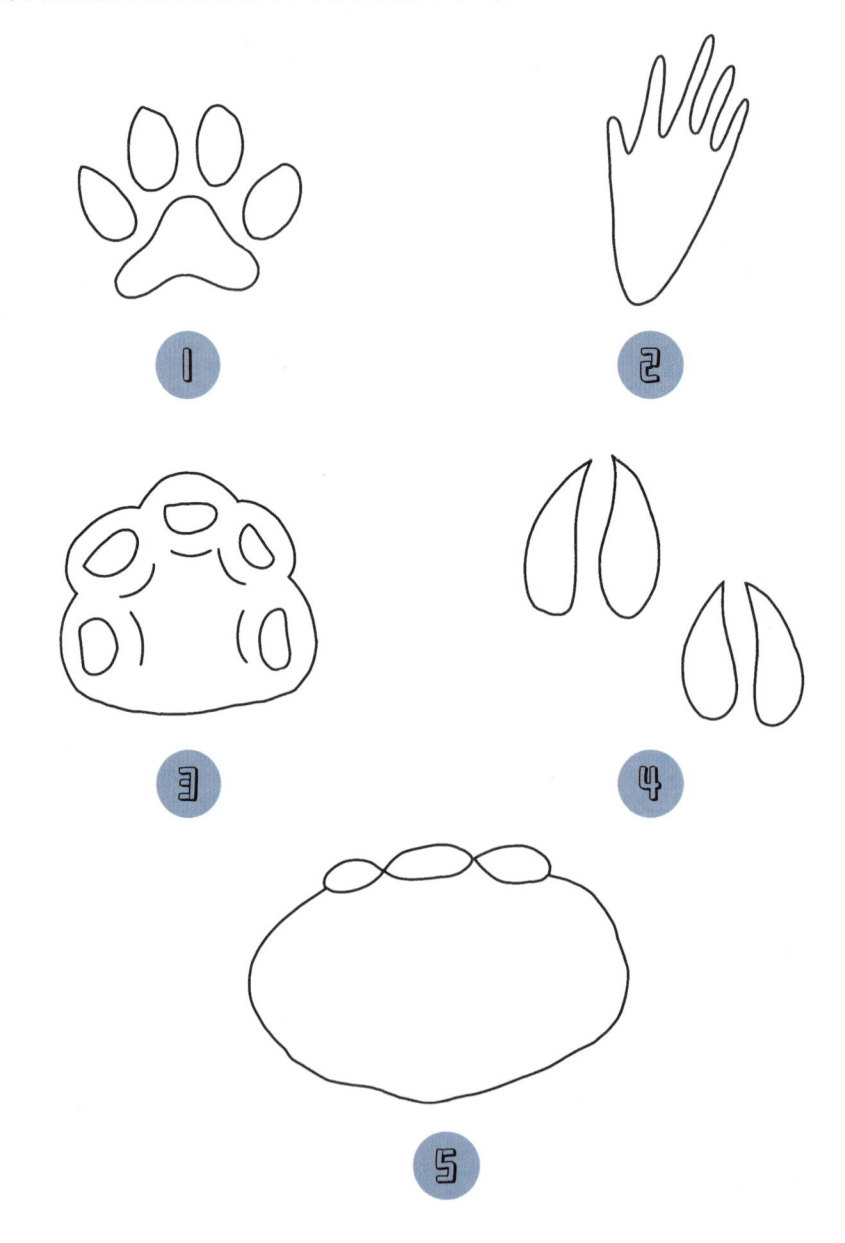

1

2

3

4

5

参考答案：1.狮子或豹；2.蜥蜴；3.河马；4.瞪羚；5.大象。

寻找入侵者

尼罗河河谷里栖息着 400 多种鸟类。不过，下面的图片中有一位格格不入的"入侵者"。你看到它了吗？

答案参考：企鹅。

古埃及的生活场景

假如你穿越到了古埃及,现在正乘船在尼罗河上观光,那么下列哪些场景是你最可能看到的呢?

1. 在肥沃的堤岸上播种的农民

2. 从神庙中走出的祭司

3 河岸上奔腾的马车

4 拿着相机的潜水员

5 洗衣服的妇女

你有没有猜着的场景？
答案：1、2、3、5，相机在哪？叫过才看在呢！

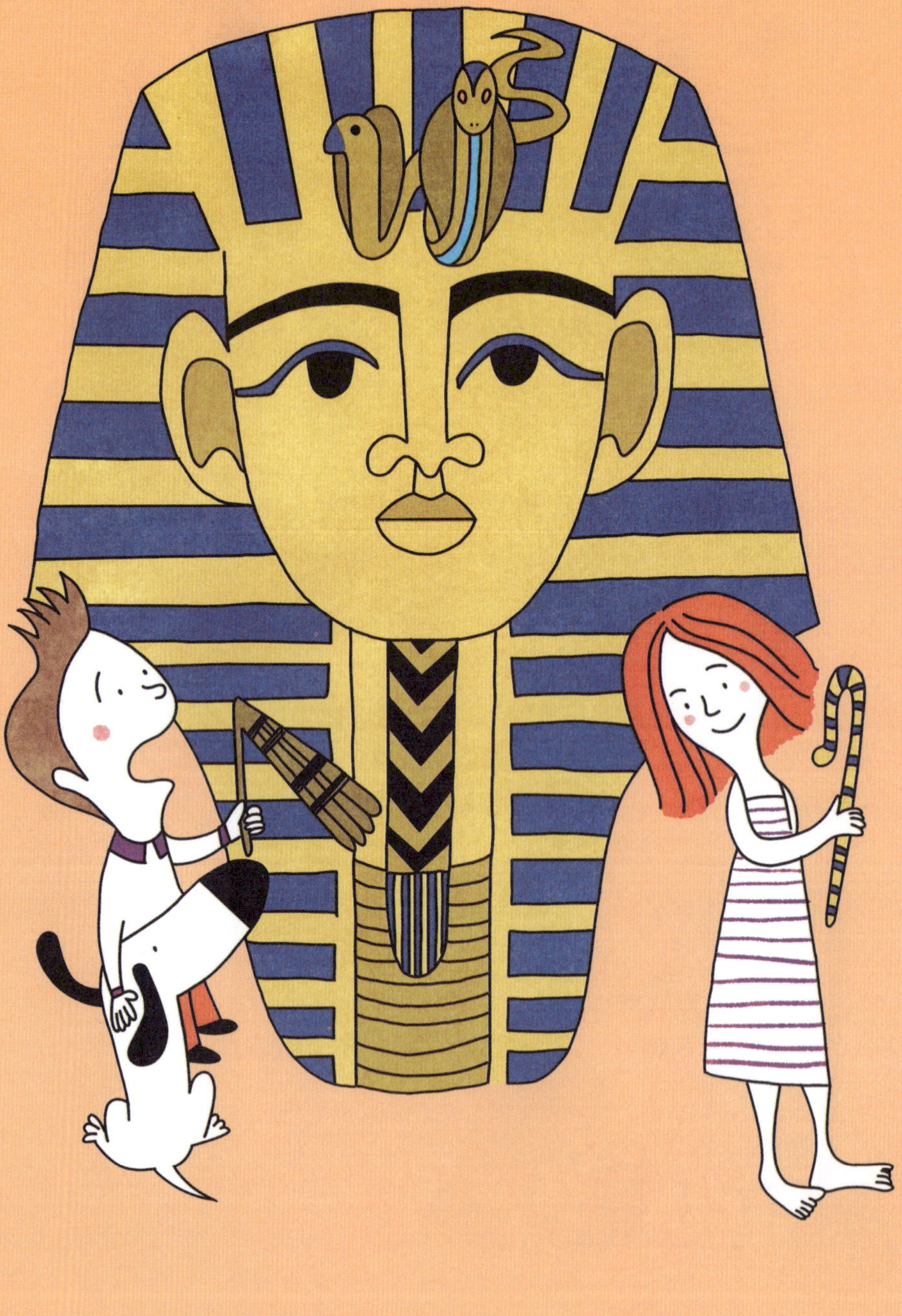

古埃及的神话故事

古埃及有很多神话故事，这与当时人们所处的生活环境是分不开的。这些神话故事成为后人了解古埃及的历史、文化、宗教、风土人情的重要参考资料，具有不可替代的研究价值和历史意义。

口吐宇宙

古埃及人崇拜太阳神。他们认为，**宇宙起源于太阳神的口水！**太阳神**朝地上轻轻一吐**，就诞生了代表生命气息的风之神和水之神。他们两位生下了大地之神和天空之神。大地之神和天空之神后来又生下了四个孩子。最后，人类诞生。

水之神

风之神

抽象概念的化身

古埃及人给一些非常抽象的概念也赋予了神的形象，比如有的神是爱的化身，有的神则是正义的化身。

昼与夜

在古埃及的神话中，天空女神的身上点缀着无数的星星，每天傍晚，她会将太阳吞进肚子里，第二天清晨再将它诞下。古埃及人用这种方式来解释昼夜交替的现象。

有趣的联想

古埃及人常常根据动物的外形和行为特征将它们和对应的神联系在一起。例如，蛇会蜕皮，因此古埃及人就将这种动物视为重生的象征。再比如，狗在古埃及社会中负责看家和捕猎，因此古埃及神话中的守护之神就采用了狗的形象。

爱捉迷藏的小动物

仔细观察下面几位古埃及神明的画像。

你能看出他们身上各隐藏着什么动物吗？请将答案写在每幅画的下方。

1. ....
2. ....
3. ....
4. ....
5. ....

参考答案：1. 河马；2. 鳄鱼；3. 母狮；4. 朱鹮；5. 隼。

神庙与雕像

古埃及人会为他们认为重要的神修建庙宇，并在庙中安排祭司来管理庙中事务。古埃及人认为**神存在其雕像里面**，所以祭司们必须负责为"他们"穿衣，给"他们"提供食物，并且通过一些特殊的仪式来与"他们交流"。当然，在现实生活中，这些神是不存在的。

栩栩如生的雕像

古埃及人相信神明或法老的灵魂就存在于其雕像内。他们认为，雕像不需要展现法老本人真实的样貌，而是要彰显他们优秀的特质，比如力量或者活力。

祭司的工作

发挥你的想象，试着解读一下他们在干什么吧！

1

2

3

4

能读会写的祭司

在神庙里工作必须遵守一些特殊的规则。祭司们每天要洗四次澡，而且头发要剃得干干净净。他们只能吃某些特定种类的肉，而且不能喝酒。祭司全都能读会写，会观天象和阐释星星的移动轨迹，而且还懂医学。

古埃及饮料

古埃及人会制作各种好喝的饮品。你也来制作一款属于你自己的饮料吧!

1. 取 1 千克清水。

2. 在水中加入几茶匙草莓糖浆。

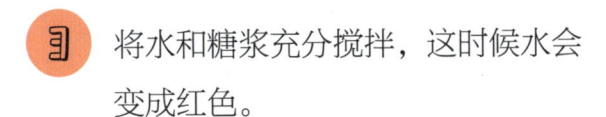

3. 将水和糖浆充分搅拌,这时候水会变成红色。

4. 再加入几滴柠檬汁。

5. 最后,放几片薄荷叶作为装饰。

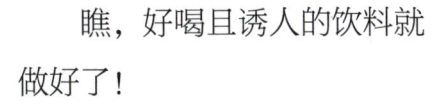

瞧,好喝且诱人的饮料就做好了!

禁止入内

古埃及的神庙是非常神圣的场所，一般不对外开放，只有法老和祭司可以入内。因此，普通人平日里只能在神庙外面祈祷，只有在特殊的场合才有机会进入里面，但也只能走到庭院这种神庙最外围的区域。不过，神庙里举办节日庆典的时候，神明的雕像会被请出神庙，搬上镀金的圣船参加游行。到那时，所有人都将有机会亲眼见到他们所崇拜的神明。

秘密基地

古埃及的神庙里摆满了由信徒们献给神明的青铜雕像，这些雕像是不能随意丢弃的。当雕像多得实在放不下时，祭司们就会把成百上千的雕像埋到神庙里最隐蔽的地方！

找一找

你能找出下面图画中隐藏的雕塑吗?

35

神庙的内部

新王国时期的埃及神庙长什么样子？快来一探究竟吧！

位于中央的是整座神庙中最重要的部分，即**内殿**，这里供奉着神明的雕像及游行庆典时所用的轿子。

方尖碑，这是古埃及人崇拜太阳的纪念碑，上面刻有法老的名字。

神庙的墙壁上装饰着各种**石刻**、**绘画**和**浅浮雕**，描绘的是众人向神明献祭及法老在战争中大获全胜的场景。

其他的**隔间**里存放着珠宝、织物和其他珍贵的物品。

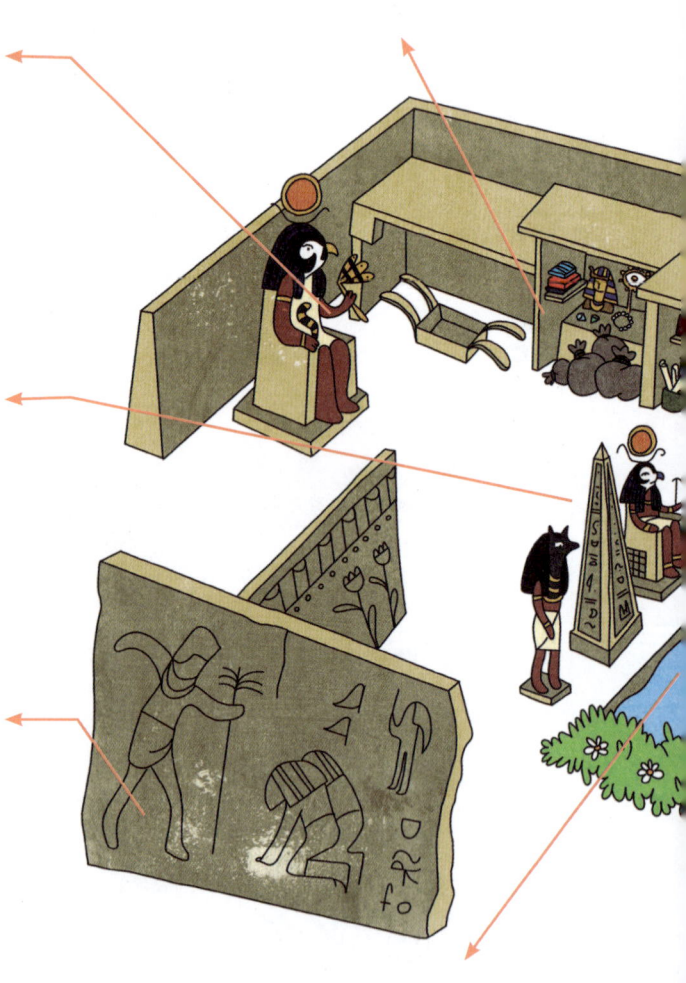

神庙里有一处**人工湖**，还有**花园**、**图书馆**和**学校**。

"长耳朵"的石碑

我们在某些神庙里发现了一种有趣的石碑，石碑上面雕刻着耳朵的图案。这是由虔诚的信徒留下的，他们进不去神庙，就会将刻有耳朵的石碑放在神庙的墙外，以此来请求神明聆听他们的祈祷。下方的画面中也藏着一个带耳朵的石碑，快把它找出来吧！

参考答案：石碑在神庙的侧门旁边。

一堵**高高的墙**，用来保护神庙不受外界的打扰。

神庙的入口是一座雄伟的**塔门**，特征鲜明，很容易辨认。

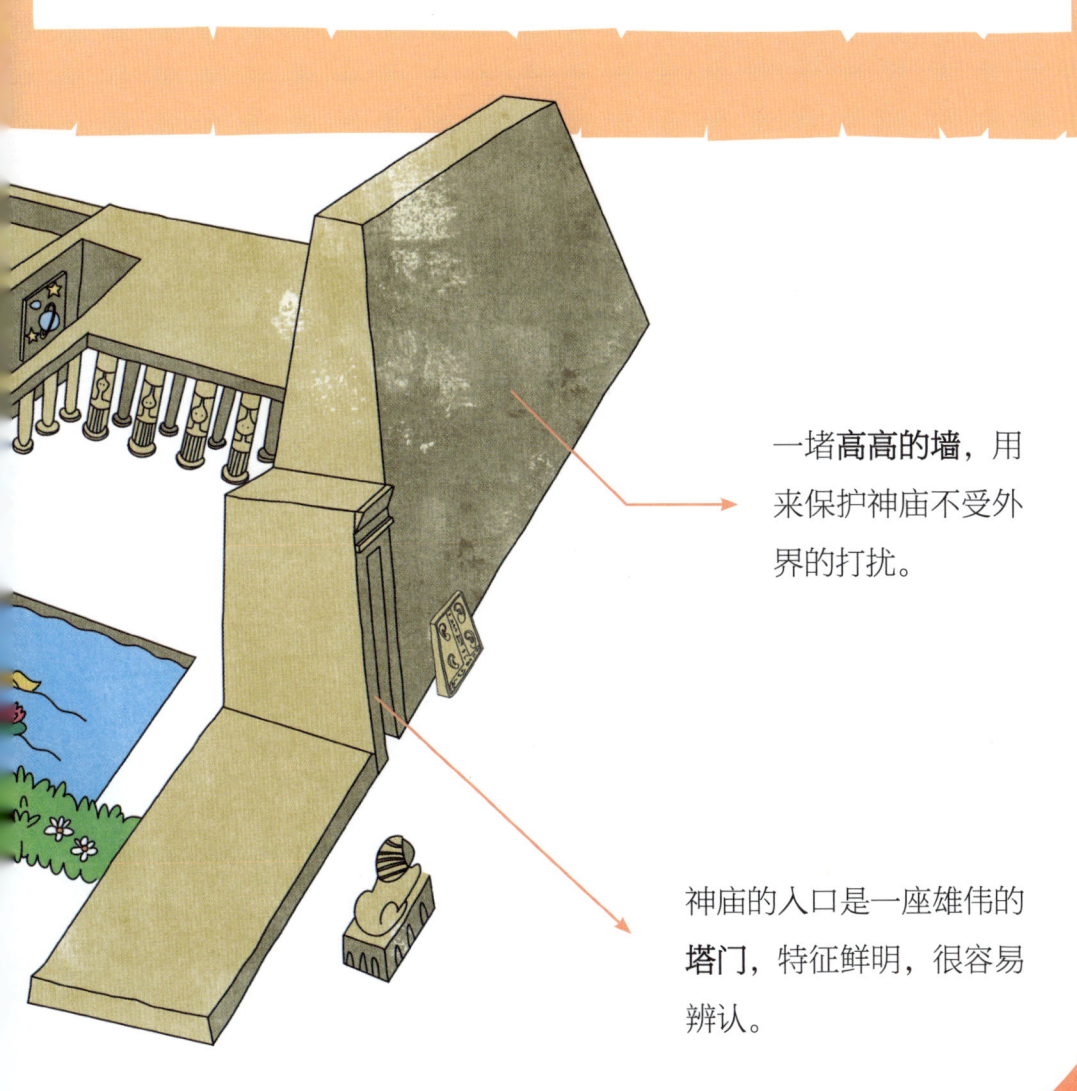

阿布辛贝神庙

　　1956 年，埃及政府决定在阿斯旺修筑一座大坝，可是这样一来，周围的大片地区都会被淹没，美丽的阿布辛贝神庙也岌岌可危！于是，考古学家们想出了一个办法：先将神庙切割成一块一块（由于里面有的神像高 20 多米，整体移动是不可能的），然后将它转移到两座人造山体附近，按照原来的结构，重新拼装并固定在山体的正面，使它完全恢复原来的面貌！

动手画一座方尖碑吧！

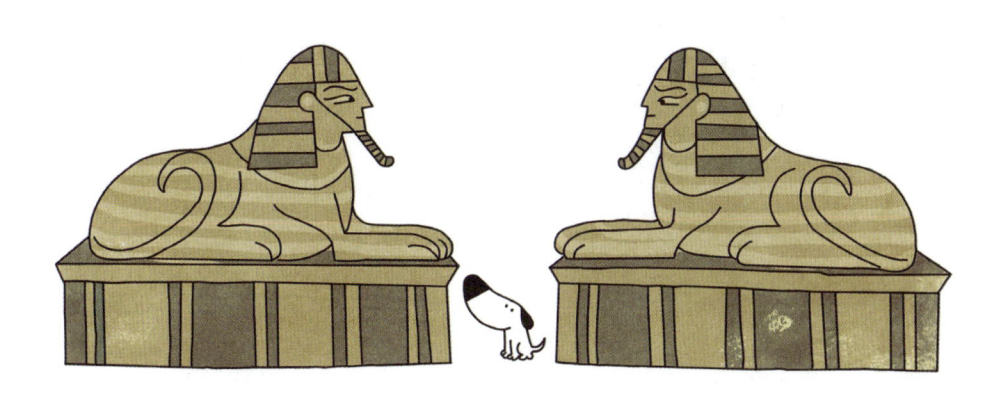

神秘的守护者 —— 斯芬克斯

斯芬克斯有着人的脸和狮子的身体，这象征着它同时拥有狮子的力量和人类的智慧。这种狮身人面的雕像常常被成对放置在神庙门前，如同两名神秘的守卫，守护着神庙。

法老，大地上的神

古埃及的国王叫作法老，法老统治着整个国家，被古埃及人视为**神的后代，是众神在人间的化身**。古埃及人认为太阳神是他们的第一任国王，而法老则自称是**太阳神之子**。

传说，法老和众神之间存在某种契约：众神要负责确保国家的和平与安全，作为交换，法老要为众神提供他们所需要的一切，包括豪华的神庙和贵重的礼物。

法老的样子

请你仔细观察下图中法老的样子。

他的额头上有着太阳神一样的眼睛,那是一条直立的眼镜蛇,高傲地架在王冠上,意为保护着法老免受敌人的伤害。

他的头上戴着特征鲜明的头巾,两个大的折翼垂在耳朵后面和双肩前面,上面装饰着蓝色和金色相间的条纹。

与古埃及诸神一样,他也戴着**假胡须**,这是权力的象征(区别在于法老的胡子是直的,神明的胡子则是翘的)。

他一手握着**权杖**,另一只手拿着神鞭。

绑在他的短裙后面的**公牛尾巴**,象征着他被赋予法老圣兽的力量。

雕像面对面

比较下面这两座雕像。你能辨认出哪一座是神的雕像,哪一座是法老的雕像吗?一定要注意细节哦!

参考答案:左侧的雕像是法老,因为他头上戴着上下埃及的王冠,手里拿着枷和钩形神杖,鞋子一侧的边是直的。右侧的是神像,因为他的胡须是编成辫的,并且他鞋子的两侧都是尖的,手里拿着生命的符号安卡。

42

文字的魔力

在古埃及人看来，语言和文字有着特殊的魔力，因此法老的名号非常重要，如果他被叫作"埃及的守护者"，那么他一定名副其实。

法老的名字会被刻在他们的"象形茧"（也叫"王名圈"）中，古埃及人用象形茧来标记重要的人名，即用一个椭圆形（象征带有魔力的绳索）将神圣的名字和名号圈在中间，保护起来。

战斗开始了

古埃及时期的人们是如何交战的呢？在重大战役中，法老作为军队的首领，会派出步兵和驾驶战车的士兵奔赴战场。远程作战的时候，他们会使用弓箭或弹弓。如果是徒手搏斗，则会用到棍棒、匕首、短剑或战斧。士兵们常常手持盾牌，穿戴着盔甲。

小制作：古埃及弓箭

1. 选取一根直径为2~3厘米的树枝，树枝要有弹性和韧性。

2. 请大人用小刀削掉树皮，得到一根光滑的枝条。

3. 在枝条顶端和底端各切出一个凹槽。

4. 将麻绳嵌入其中一端的凹槽并打结系紧。

5. 拉紧麻绳，使枝条弯成拱形，然后将麻绳在枝条另一端缠牢系紧。

6. 另取一条麻绳，在枝条的中间部分多缠绕几圈，这样手握起来比较牢固。

7. 选取三四根细的枝条，用于制作箭头。

8. 同样要请身边的大人用小刀给枝条"脱皮"，然后将枝条一段削尖，另一端切出凹槽，以便麻绳能更好地嵌入。

9. 一套古埃及弓箭就做好了！

考古学家手记

古埃及的神祇

古埃及的神祇（qí）外形各不相同，有的是人类的形象，有的是动物的形象，还有的则是人身兽头。除了外形不同，他们还配有各种奇特的权杖或头饰。

玛阿特
正义女神。

哈托尔
女性的保护神。

阿蒙
皮肤呈红色或蓝色，象征着太阳。

巴斯泰托

家的守护神。

阿匹斯

力量和丰饶之神。

贝斯

他的样貌古怪，身材矮小，但是能保护儿童。

阿努比斯

防腐之神。

伊西斯
生育之神，母亲的保护神。

奥西里斯
冥界之王，灵魂的审判官。

荷鲁斯
法老的保护神。

拉
太阳神。

索贝克

鳄鱼之神。

塞赫美特

战争之神。

塔沃里特

孕妇的保护神。

托特

月亮之神，智慧之神。

历史上最有名的法老

胡夫

他建造了被誉为"古代世界七大奇迹"之一的胡夫金字塔（也叫吉萨大金字塔）。

哈特谢普苏特

她是历史上最为杰出的"女性法老"，在位 20 年左右。

图特摩斯三世

他战功赫赫，是一位伟大的征服者，因此被称为"古埃及的拿破仑"。据说他拥有惊人的力量。

埃赫那吞

他创造了一种全新的宗教，之前的古埃及人崇拜众神，而埃赫那吞提倡崇拜唯一的神：太阳神阿吞。

图坦卡蒙

自从他的完整陵墓在埃及帝王谷出土，图坦卡蒙就成了古埃及最出名的法老。事实上他的政绩并不显赫，他九岁登基，只在位短短十年就去世了。

拉美西斯二世

他对庞大的土木工程充满热情，是古埃及最伟大的建设者。颂扬他功绩的纪念碑几乎都是雄伟得令人吃惊的庞然大物。他统治埃及的时间长达66年。

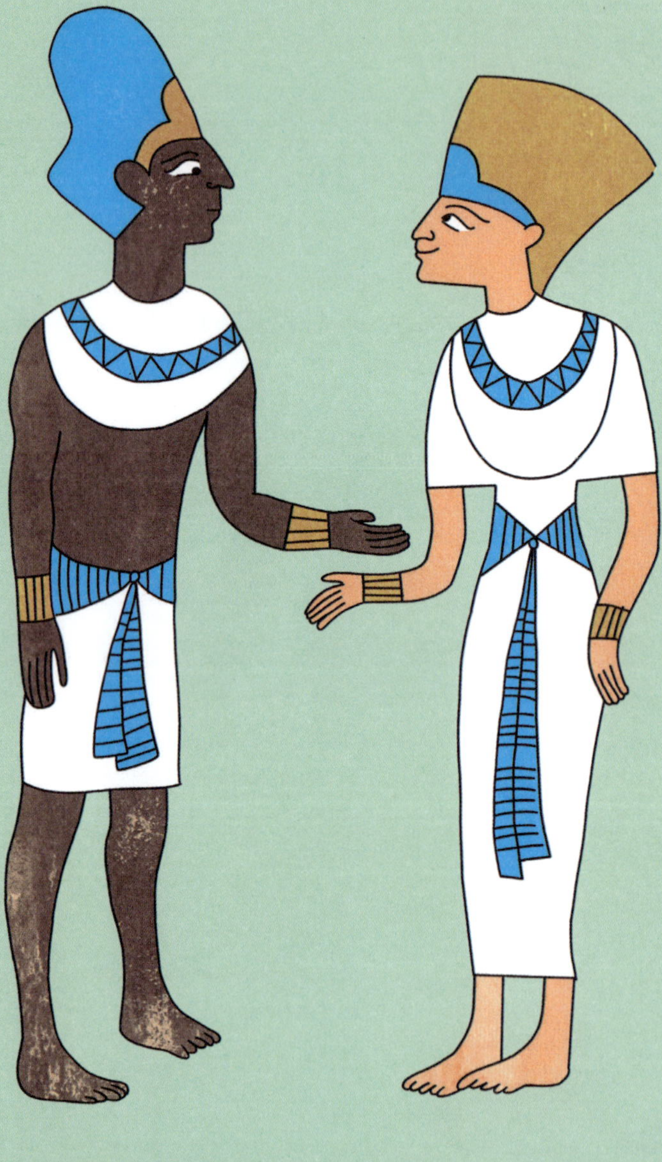

古埃及人的生活

　　假如你现在坐上了一架时光机，穿越到了 4000 年前的一个典型的古埃及村落。这里炎热、喧闹，到处尘土飞扬，人声鼎沸。漫步在狭窄的街道上，你好奇地观察着当时生活在这片土地上的人们……

古埃及的房子长什么样

房子长什么样取决于主人的富裕程度。古埃及的房子大都是用**泥砖砌成的**，**屋顶用木头支撑**，上面用灰泥和棕榈树枝覆盖住。一般来说，一座房子只有一个或两个房间，但是**大富翁们则拥有自己的别墅**，里面有五个以上的房间，而且还有走廊、大厅、庭院、鱼塘……

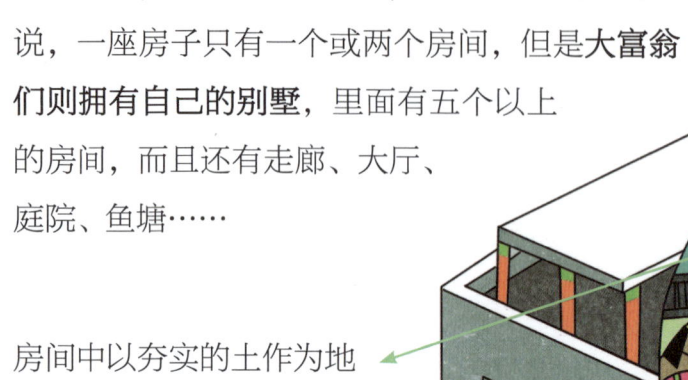

房间中以夯实的土作为地面，**宴会厅**的地面上则会覆盖上芦席，招待客人。

窄小的窗户，可以防止外面的热气进入房间。

门口的守卫。

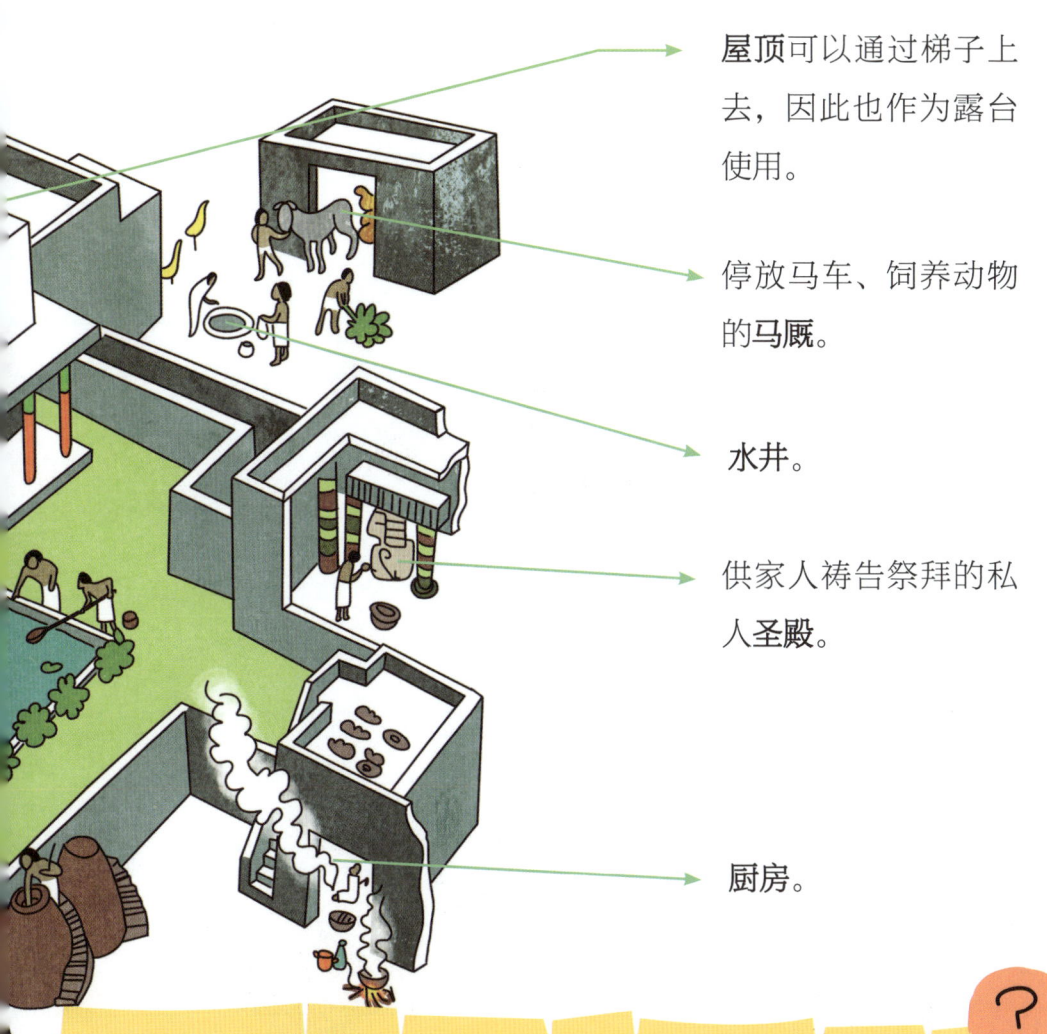

屋顶可以通过梯子上去，因此也作为露台使用。

停放马车、饲养动物的**马厩**。

水井。

供家人祷告祭拜的**私人圣殿**。

厨房。

猴子也能当警卫

某座古埃及陵墓的浮雕上描绘了一个非常有趣的场景：在集市上，一只被人用绳索牵着的猴子成功抓住了一个小偷。我们由此推测，当时的古埃及人很有可能将猴子驯化成了警卫，就像今天我们让小狗来看门一样！

家居用品

古埃及人家里的陈设都很简单，一般就是几张凳子（带靠背或扶手的椅子非常罕见），加上几个储物用的大箱子，即便是富翁也不例外。

仔细观察这两页中出现的物品，选出它们正确的名称，并猜一猜它们分别有什么用途。

1. 头枕（用石头或木头制成）
2. 陶土（或石制）灯
3. 扇子
4. 罐子
5. 三足青铜鼎
6. 生火钻头

参考答案：1-B，睡觉的枕头；2-C，把植物油倒于灯捻里点燃后进行照明；3-A，用来扇风；4-E，用来存储香料；5-D，用来做饭；6-F，用来生火，把它在木头上摩擦就会生出火焰。

56

D

E

F

那时候的浴室

　　一般来说，古埃及人平时都在尼罗河里洗澡。那些奢华的别墅里会设计一个四周全是石墙的房间作为浴室，洗澡的时候，仆人会不断地往主人身上浇水，帮他们冲洗。

开饭啦

古埃及人酷爱美酒佳肴。从炸鱼到烤鹅，从沙漠里的野味（比如羚羊、瞪羚）到天上飞的鸟儿（比如鸽子、鹌鹑），他们的食物种类非常丰富。当然，他们并非只吃荤菜，每一餐他们都会搭配新鲜的蔬菜和无花果、葡萄、椰枣等水果，还有各种各样的面包可供选择。大麦啤酒是每家每户必备的饮品，葡萄酒则是富人们享用的饮品。吃饭的时候，他们会把盛着食物的盘子摆在草垫上，一家人会蹲坐在草垫周围，共同享用。

食物保鲜

那个年代还没有冰箱。由于埃及一年四季都很炎热，所以食物一定要尽快吃完，以免变质。

独特的饮食方式

在比较富裕的家庭中，吃饭时父母会坐在摆满食物的小桌旁，孩子们则惬意地靠在坐垫上。他们不使用餐具，而是用手拿着吃。

防火厨房

为了避免引起火灾，厨师们会选择在房子外面或露台上生火做饭。生火材料可以是树枝、干草，甚至是粪便！

古埃及甜面包

古埃及人做的面包非常甜，因为他们常常在面团里加入蜂蜜、水果，还有草本植物或香料（如孜然、杜松和香菜）。

你也来动手做一款正宗的古埃及面包吧！

需要准备的材料：

2小勺面包专用酵母粉；

1杯温水；

3杯面粉；

1小勺盐；

少量蜂蜜；

几个核桃；

擀面杖；

烤箱。

香脆的"牙刷"

古埃及人的面包是用粗磨的面粉制作而成的，所以非常粗糙，咀嚼时就像刷牙一样，可以顺便把牙齿清洁干净！

1. 将酵母放到一杯温水中，搅拌并使之溶解。

2. 把溶解后的酵母缓慢地倒进面粉里，同时将盐也加进去。

3. 放入碾碎的核桃，然后开始揉面，得到一个光滑的面团。

4. 将面团盖起来，放到温暖的地方发酵 3 小时以上。

5. 把面团分成 6 个小球，用擀面杖把每个小球擀成直径 10~12 厘米的面饼。

6. 请大人将面饼放进烤盘（烤盘上不用刷油），接着放入烤箱中，温度控制在 180 ℃左右，烘烤 10~15 分钟，直到面包表面呈现出淡淡的金黄色。

7. 在烤好的面包上涂上一点蜂蜜……哇，太美味了！

假发

古埃及人非常时髦！10岁之前的儿童要把头发剃光，只在脑袋一侧留下一小撮编成一条小辫子。有些成年人为了凉快也会把头发剃掉，然后戴上编制精美的假发。这些假发有很多是用加热后的蜡将天然的头发固定在一起制作而成的，有直发，也有卷发，颜色乌黑亮丽。古埃及人还会在靠近发顶的地方套上一条织物或金属的圆环，把假发装饰得更加漂亮。

梅里特的假发

不可思议的是，有些古埃及假发竟然保存到了今天！意大利都灵的埃及博物馆里就收藏着一顶古埃及假发，它的主人是一位生活在距今3000多年前名叫梅里特的女士。

设计假发

　　假如你生活在古埃及，你想戴一顶什么样的假发呢？快来动手画一画吧！

芬芳的油膏

　　过节的时候，仆人们会把有香味的油膏捏成圆锥形，戴在客人们的头上。油膏受热融化后，会散发出芳香。

爱美之心

古埃及人非常注重自己的外表，他们知道无数变美的秘诀，比如如何让头发更有光泽，如何遮盖脸上的痘痘，如何填补眉毛的间隙，涂抹什么样的油可以让身体散发香味又保持皮肤湿润……女人们喜欢化妆，她们会在颧骨和嘴唇上涂上红色的赭石，还会用一种叫"科尔"的黑色膏体在眼睛周围描画出精致的眼线。

不仅仅是为了美

古埃及人会把"科尔"存储在中空的藤条里或玻璃管里，用细木签蘸取少量，涂抹在眼皮和睫毛上。除了能带来美感，这种膏体和眼睛周围的水分结合，还能起到过滤阳光的作用，可以减轻高温和强光给眼睛带来的损伤。

自制面膜

我们也来学一学古埃及人，动手制作一款面膜吧！

1. 将 1 小勺蜂蜜、1 小勺鲜奶和 1 小勺白面粉混合，搅拌均匀。

2. 将混合物涂在脸上，等待 15 分钟。

3. 用温水清洗干净。

快看，你的皮肤变得多么柔软，多么有光泽！

华丽的首饰

无论是平民还是贵族，古埃及人都会佩戴大量的首饰，包括耳环、手镯、戒指、项链和脚链等。首饰的材质多种多样，有**金**、**银**，也有陶瓷、绿松石和青金石等。

制作属于自己的古埃及饰品

1. 选一些中间带孔的管状意大利面，最好是小颗的那种，然后拿四根穿烤肉用的竹签，每根签子上穿上十来颗意面。

2. 将竹签插在橡皮泥底座上，用水粉颜料给每串意面涂上不同的颜色（可以选择最具古埃及特色的四种颜色：黄色、红色、蓝色和绿色），然后等颜料晾干。

3. 现在，你可以拿一根棉线，穿上一颗颗彩色的意面，一条漂亮的古埃及风格的项链就做好了！

67

精致考究的衣橱

　　古埃及的女人平时会穿带垫肩的亚麻直筒连衣裙，而在上流社会，贵妇们穿的则是带褶的白色及踝长裙，材质非常柔软且轻薄。男人们穿得很简单，常常是拿一块布在腰间打个结，他们从不对面料进行染色，而是用各种彩色的丝带加以装饰。

家人手牵手

下图中的人物穿着各式各样的服装，请你仔细观察他们衣服的颜色和细节，然后判断一下谁跟谁是一家人！

A　1

B　2

C　3

D　4

参考答案：A-4；B-3；C-1；D-2。

校园生活

当年龄到了五岁，法老的亲属和官员们的子女就可以去上学了。他们会被送进一个叫**"教育之家"**的地方，**在那里，每位学生的学习生活全程都将由同一位老师负责。**那时候还没有本子，学生们用陶片或刷了一层石膏的小木板当作本子。他们会学习各种科目，包括数学、历史、地理和外语。

预见未来

下面这些图画是一位脑洞大开的古埃及学生画的。你能看出哪些物品对当时的人来说是超现实的吗?

参考答案：搅拌机、吸尘器、烤面包机和太阳能电池板。

71

书吏

书吏在当时的古埃及可是个了不起的职业。为了掌握古埃及的文字，学生们必须不断地抄写和听写，他们之中最优秀的人才能成为书吏。这个职业在古埃及社会的地位举足轻重，因为当时识字的人的比例大约只有5%。书吏们受到优待，可以免于服兵役，甚至不用交税！

书吏的工具箱

下图是书吏在工作时会带在身边的一些工具，不过其中有几个是"滥竽充数"的。你能把它们找出来吗？

油漆刷

扳手

擦除书写错误的抹布

泥刀

研墨用的砚台

笔

盛水的小碗

盛放笔的匣子

参考答案：绿线连接起来的工具有抹布、泥刀和砚台、盛水的小碗、盛放笔的匣子，这三个才是书吏真正使用的工具。

神奇的书写

古埃及人还会在墙上、神庙上和陵墓上写字,但是他们并不是丧失理智的书写狂!他们之所以这么做,是因为他们认为文字拥有神奇的魔力:对他们来说,只要是写下来的东西就会应验。

简化的文字

象形文字的使用持续了大约 3500 年,不过古埃及人只有在纪念碑或雕塑上书写时才会采用象形文字。书吏们在纸莎草纸上书写时,为了节省时间,会使用一种叫作"僧侣体"的简化版文字。

颠倒的世界

古埃及的民间故事讲述的常常是些不可思议的事情，故事里的世界跟现实世界往往是相反的。仔细观察下面的图片，你看到了哪些奇怪的事情？

撕不坏的纸

纸莎草是埃及的一种常见的水生植物，经过一番特殊处理后，这种看似普通的草就可以变成完美的书写纸：它结实且有弹性，易于运输，卷起来也不会破。

娱乐方式有哪些

古埃及人常见的娱乐方式有打猎、捕鱼和搏斗。其中，搏斗是他们最喜欢的项目。你能想象吗？他们甚至还会乘着船在水上搏斗！这种项目的比赛规则是：每支队伍都在各自的船上摆好阵形，队员们手持木棍，攻击对方的船，使对方的船员落水。当其中一支队伍失去了所有队员时，比赛结束！

贵族的消遣

法老和贵族们经常去沙漠里开展大规模的狩猎活动，鸵鸟、大象、野牛和狮子都是他们追逐的对象。野兽往往落入他们用捕猎网布下的圈套，或被弓箭射中。

古埃及人的游戏

古埃及人特别喜欢击剑和拔河。拔河所需要的东西只有一根长绳。这是一个团体游戏，你们要玩的话需分成两队，至少得有四个人才行。比赛规则是：在两队中间画一条线，每支队伍各拉住绳子的一端，最先将对方的成员拉到自己这边的队伍获胜。

小朋友们玩什么

古埃及的小朋友们经常在户外玩耍。他们也有自己的玩具，比如皮球、彩色积木、陀螺、木头或黏土做的娃娃，还有用木头做的带轮子的小动物。有些玩具做工非常精巧，甚至有可以活动的部件，比如嘴巴可以张开的小狗……除此之外，他们还会玩彩色摇铃、弹珠和类似于掷骰子的游戏。

投掷挑战

取一根细竹竿,请身边的大人先将其切成五小段,然后再把每一段从中间纵向切开,做成"骰子"。快邀请一位你想挑战的朋友一起玩吧!规则是这样的:两人轮流将"骰子"抛向空中,落地后看有几颗是凹面向上的,有几颗就得几分!

古埃及的音乐

音乐在古埃及人的生活中占据着重要的地位。那时候还没有收音机和录音机，所有的**音乐都是现场演奏**。无论是在宗教节日，还是在宴会或聚会上，一定会有乐队出席，而且有歌手和舞者前来助兴。

古埃及的乐队中也有指挥家，他会用手势来示意要演奏的曲目或要保持的节奏。

一起来玩音乐

一起来动手做一把古埃及小叉铃吧,可好玩了!

1. 找一根竹竿、一些铁丝,还有五六个金属垫片(五金店里可以买到)。

2. 请身边的大人将竹竿切成 15 厘米长,然后在顶端用刀子切一条小口,方便之后固定铁丝。

3. 将铁丝弯成一个类似"眼睛"的形状,铁丝的长度大约为 15 厘米,然后将铁丝拧起来,并固定在竹竿上。

4. 另外剪 3 段铁丝,每根铁丝上穿 1~2 个金属垫片。

5. 将 3 段铁丝依次固定在叉铃的"眼睛"上。

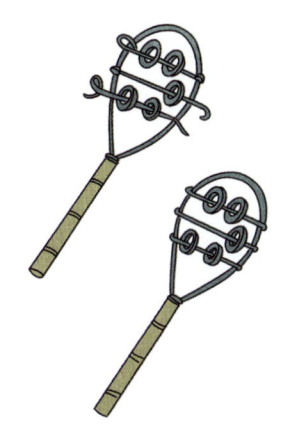

6. 乐器做好了,你可以开始创作音乐啦!

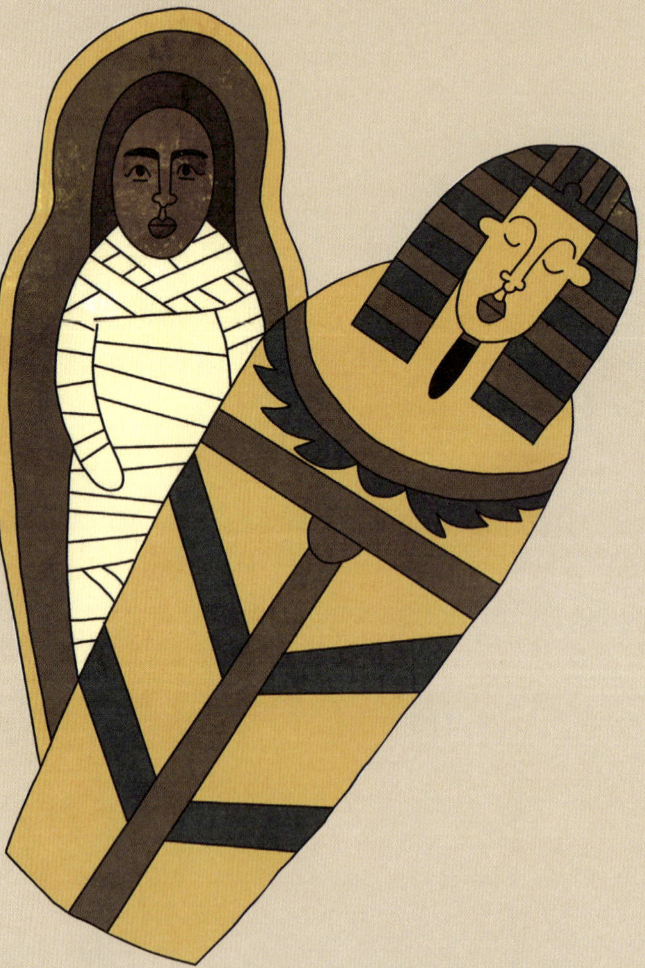

"永恒"的生命

对古埃及人来说，去世并不是生命的终结，而是通往另一个世界的通道。在那里，生命以另外一种形式继续存在。他们相信**进入另一个世界后的生命依然存在**，因而愿意付出一切代价来为此做好准备……当然，我们现代人都明白，"永恒"的生命是不存在的。这不过是他们的美好愿望罢了。

木乃伊

一些古埃及人去世后，他们的遗体会被送到一个特殊的实验室，经过种种工序，做成木乃伊。

逝者的内脏会被掏出，分别装进特制的陶罐中，这些陶罐的盖子形状各不相同，有的雕成人形，有的刻成兽首。被认为是理性和感情之源的心脏则会被留在身体里。

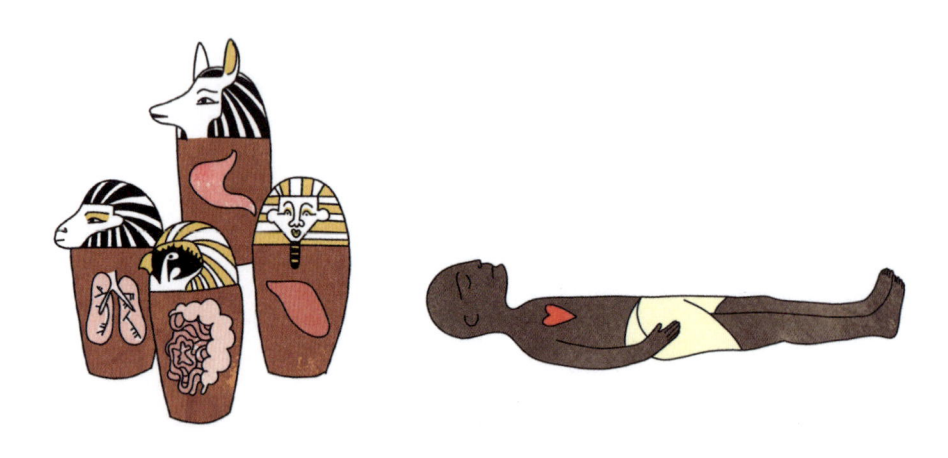

逝者的遗体会被浸到盛满了泡碱粉的大盆里，这样才能脱水。变干后的躯体会被塞满药材和香料，然后用带有香味的绷带仔细缠好。

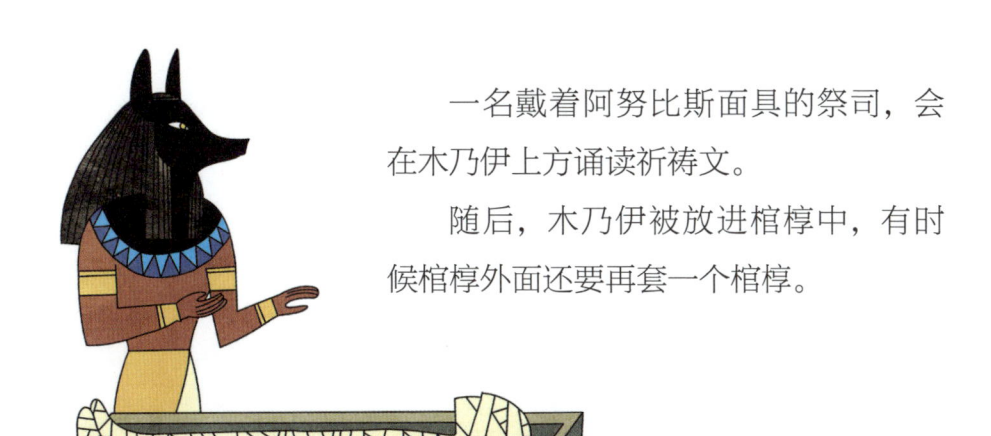

一名戴着阿努比斯面具的祭司，会在木乃伊上方诵读祈祷文。

随后，木乃伊被放进棺椁中，有时候棺椁外面还要再套一个棺椁。

很多古埃及时的木乃伊甚至保存到了今天。

85

人俑小雕像

古埃及人会在逝者的棺椁旁放置一组特殊的人俑小雕像，代表他们的仆人，这些小雕像被称为"舍卜提"。

这些舍卜提是用古埃及彩陶（一种有光泽和玻璃质感的材料）、金属、木头等制作而成。尊贵的法老去世后甚至要带着365个舍卜提。

找一找

　　这座陵墓乱得一塌糊涂。请你擦亮眼睛，找到 10 个隐藏的舍卜提。

朝着奥西里斯的王国前进

快来和朋友一决高下，看谁先抵达奥西里斯王国！你需要准备一个骰子和两颗棋子。

惩罚：

如果刚好走到有蛇、鳄鱼或蝎子的地方，则下一轮必须停在原地，不能前进。

奖励：

苍鹭和老鹰能助你一臂之力，碰到这两个动物的话，你可以前进两格。

陵墓的建设者

古埃及的陵墓长什么样？是谁建造了这些陵墓？下面我们就一起去寻找答案吧。**德尔麦地那**是尼罗河西岸的一个小村庄，曾经属于古埃及的都城底比斯。法老和他们的妻子被埋葬在帝王谷和王后谷，而负责修建这些陵墓的**石匠、雕塑家和画家**当时就生活在德尔麦地那，因此，这座村庄也被称作"古埃及工人村"。为了防止墓穴的位置信息被泄露出去，工人们都被孤立在了沙漠里，过着与世隔绝的生活。

轰动世界的发现

古埃及的房子大都是用泥砖和稻草搭建的，随着时间的流逝，几乎所有的村庄都化成了尘土。德尔麦地那古遗址的发现在当时引起了全世界的轰动。

不一样的薪水

建造陵墓的工人们并不是奴隶，他们的报酬由法老定期支付。观察下面的图片，你觉得哪些可能是他们拿到的报酬？

木柴

餐具

谷物

珠宝首饰

腌制的鱼和肉

凉鞋

硬币

纸币

参考答案：工人们的报酬包括：木柴、谷物、腌制的鱼和肉、餐具和凉鞋。珠宝首饰、硬币、纸币在当时并不存在。

从岩石中凿出来的世界

这听起来可能有点不可思议，但是**法老登基后的第一件事**，就是**下令修建自己的陵墓**！为了确定陵墓的位置，工头和负责陵墓的书吏会拿出一张**秘密地图**仔细对照。因为所有陵墓的位置都是保密的，只有在这张特制的地图上才会标记出来。即便如此谨慎，工人们在施工的时候还是有可能不小心挖到其他古墓的墓室或走廊。

无比精细的施工图

每座陵墓的建造都要严格按照建筑师画在纸莎草上的图纸来执行。图纸上会标出房间的数量，有时甚至会精确到需要挖掘多少立方米的岩石。

墓穴迷宫

请你帮助这些工人找到正确的挖掘路线，注意千万不能挖到其他陵墓里去！

"柔术表演"

古埃及墓室的墙壁上一般都装饰着优雅的壁画，然而上面的人物看起来却十分滑稽：他们的**眼睛直视前方**，**肩膀也正对观众**，但是脸部、双腿和胸部却是侧着的。这是多么奇特的"柔术表演"啊！

"会说话"的颜色

古埃及绘画中的每一种颜色都有特定的含义：从土壤中获取的红色是胜利的颜色；绿色来自一种叫孔雀石的矿物，它象征着新生；来自石膏的白色象征着纯洁；黑色象征着黑夜；黄色代表永恒；蓝色则代表天空和水。

我是小画家

想象自己是古埃及的一名画家，给下面的图片涂上颜色。

神秘的工具

猜一猜这些神秘的工具各有什么用途。

折叠腕尺

调色板

没有署名的画作

当创作出一幅漂亮的画作时，你可能会在上面签上自己的名字，可是古埃及人却不会这样做。因此我们并不知道这些被发掘出来的精妙绝伦的作品是出自哪位画家之手。

凿子

木槌

第二职业

古埃及村落里的很多手工艺人都有第二职业，比如医生、法师、耍蛇人。耍蛇人能将凶猛的毒蛇驯养得服服帖帖，这对于生活在沙漠边境上的人来说至关重要，因为那里有大量的蛇和蝎子出没。

参考答案：北量腕尺是一种专名的测量工具，之所以叫做尺，是因为它是最早的以胳膊肘中指指尖的长度，随后被普及推广，成为古埃及使用期限最长的工具。

通往太阳的阶梯

在位于埃及吉萨的沙漠高原上，矗立着三座巨大的金字塔，人们就是从开罗眺望也能看到它们的身影。这三座金字塔分别是古埃及法老胡夫、哈夫拉和孟卡拉的**宏伟陵墓**，距今已有 4500 多年的历史！法老们相信，金字塔可以作为**阶梯**，将他们带向天国，与众神和太阳会面。金字塔内部是一个**由众多通道和墓室组成的迷宫**，如果能去探险，一定非常刺激！

未解之谜

金字塔是怎么建成的呢？直到今天，这还是一个未解之谜。现代人猜想，巨大的石块很有可能是被人们用滑动的橇车拖到金字塔脚下，然后人们再把它拉上用砖块砌成的斜坡，最后运到高处。

金字塔拼图

你能在下面的金字塔拼图中，找出旁边这两片吗？

招贼的陵墓

到了后来，没有法老再去修金字塔作为自己的坟墓，因为这些宏伟的建筑太容易被盗贼盯上了。因此，后来的陵墓开始转移到地下的岩石深处，比如帝王谷的那些陵墓就坐落在一片峡谷中。

斯芬克斯之谜

茫茫沙漠里，有一座雄伟的雕像庄严肃穆地矗立着，它长着**法老的头**、**雄狮的身体**，目不转睛地望着太阳升起的方向。它就是**吉萨墓区的"守护者"**斯芬克斯，一座长约 70 米的巨型狮身人面像。对于考古学家来说，这座雕像可是个大谜题，因为几个世纪以来，人们一直认为雕像内部存在着各种秘密隧道，而且还藏着其他神秘事物。

胡夫金字塔：高约147米

它是世界上最大的巨石建筑，被认为是"古代世界七大奇迹"之一。

斯芬克斯之歌

斯芬克斯正在用一种神秘的语言唱歌。请你仔细观察歌词的顺序，从下面三个选项中选出正确的一项。

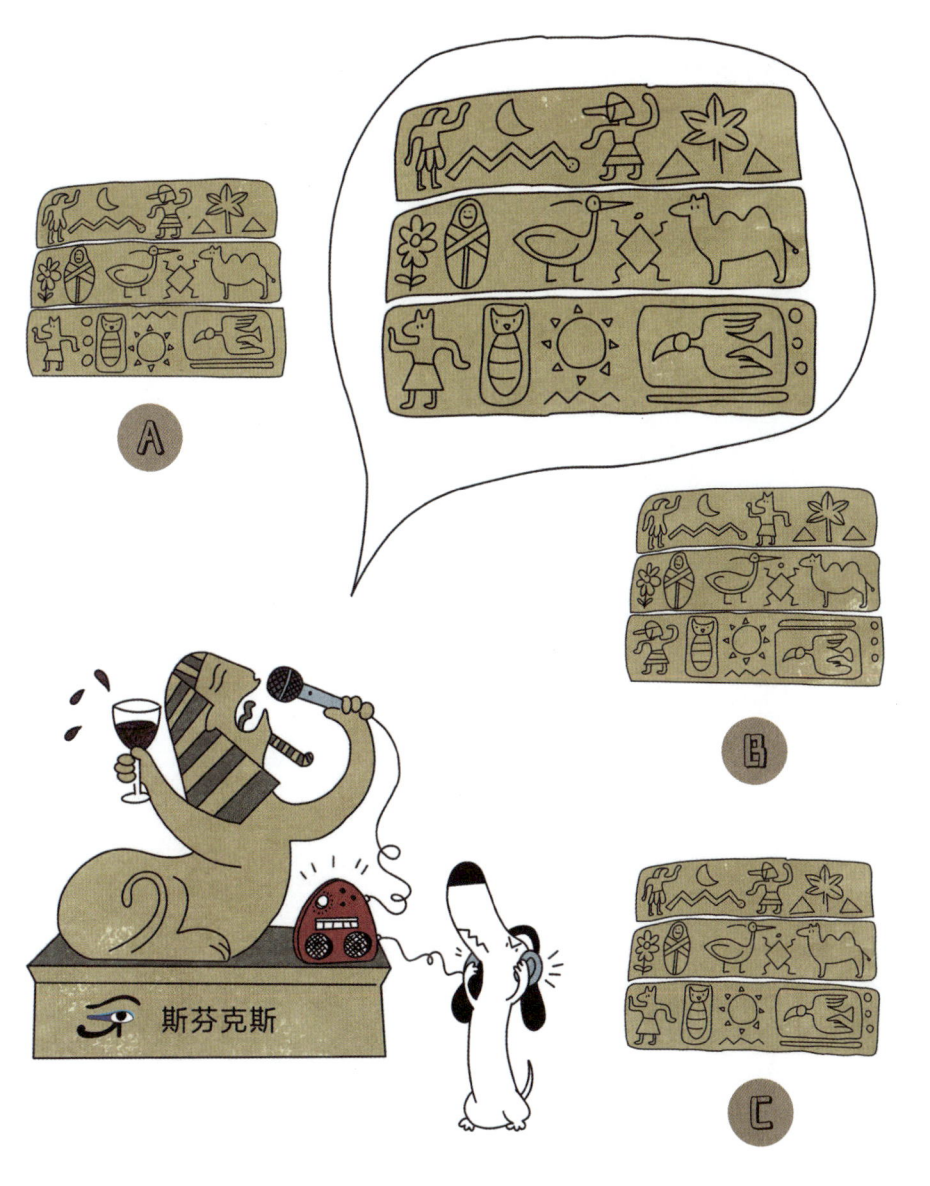

参考答案：正确的答案是 C。

考古学家手记

发现过去的秘密

你有没有想过，生活在今天的我们是怎么知道这么多关于古埃及文化的知识的呢？这要归功于考古学家们的不懈努力，他们不仅是伟大的学者，更是无所畏惧的探险家。

考古学家通过对古老文献的研究和航拍照片的观察，来确定陵墓挖掘的地点。

随后，他们要用绳子将挖掘现场围成一个"棋盘"，把挖掘现场分隔成不同的区域，这样一来，如果挖出了罐子、小雕塑等小物件，就能更方便地记住出土的位置。

考古学家会将提取出来的土壤用筛子筛一遍，确保夹杂在土中的小文物（如护身符）或有价值的碎片不会被遗漏。

土有很多种，每一层都不一样，因为它们是随着时间的推移一层层堆积起来的。在同一个土层中所发现的东西都属于同一个时期；挖得越深，所发掘出来的物品就越古老。

如果挖到了比较脆弱的文物（比如骨头），为了避免对文物造成损坏，考古学家要用小刷子慢慢清理。

考古学家会将发掘出来的文物进行分类，然后分装在小塑料袋或小盒子里。之后，考古学家和历史学家要对它们进行研究。最后，文物会被陈列在博物馆里，供人们参观。

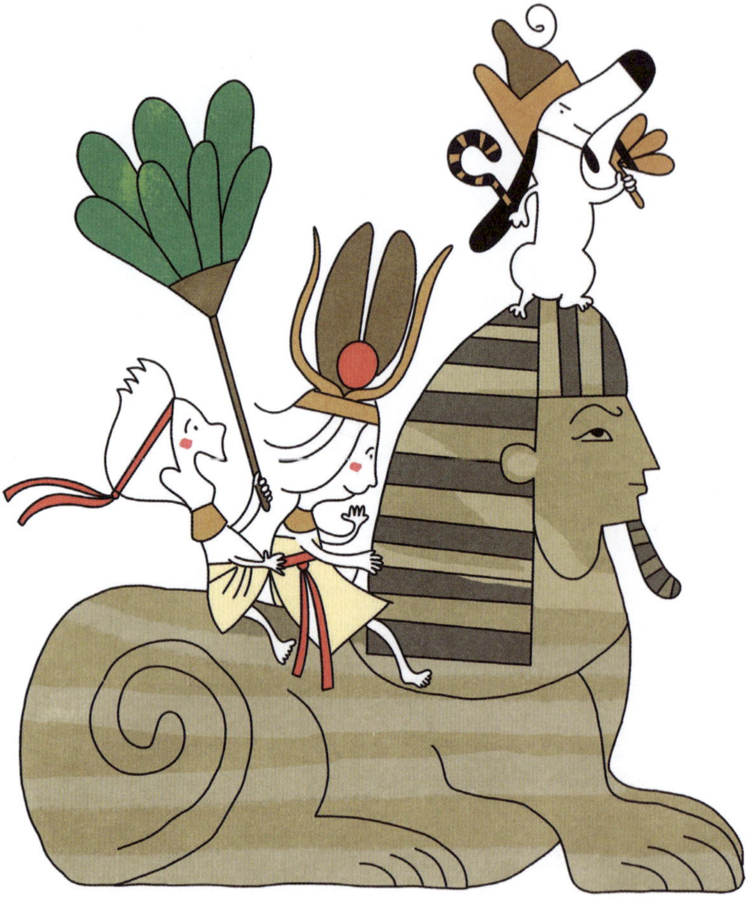